新型创业领导者

培养塑造社会和经济机会的领导者

〔美〕丹娜·格林伯格（Danna Greenberg）
〔美〕凯特·麦科恩-斯威特（Kate McKone-Sweet）◎主编
〔美〕H. 詹姆斯·威尔逊（H. James Wilson）
吴文华 林晓松 曹 明◎译

北京大学出版社
PEKING UNIVERSITY PRESS

著作权合同登记号　图字：01-2018-1389

图书在版编目(CIP)数据

新型创业领导者:培养塑造社会和经济机会的领导者/(美)丹娜·格林伯格(Danna Greenberg),(美)凯特·麦科恩-斯威特(Kate McKone-Sweet),(美)H.詹姆斯·威尔逊(H.James Wilson)主编;吴文华,林晓松,曹明译.—北京:北京大学出版社,2020.5

(百森商学院教授创业学经典丛书)

ISBN 978-7-301-30802-8

Ⅰ.①新… Ⅱ.①丹… ②凯… ③H… ④吴… ⑤林… ⑥曹… Ⅲ.①企业领导学—研究 Ⅳ.①F272.91

中国版本图书馆 CIP 数据核字(2019)第 262501 号

The New Entrepreneurial Leader: Developing Leaders Who Shape Social and Economic Opportunity
Danna Greenberg, Kate McKone-Sweet, H. James Wilson
ISBN: 978-1-118-60509-344-4
Copyright © 2011 by Babson College
All Rights Reserved. This translation published under license. Authorized translation from the English language edition, Published by Berrett-Koehler Publishers. No part of this book may be reproduced in any form without the written permission of the original copyrights holder.

北京大学出版社经 Berrett-Koehler Publishers 的授权和 Andrew Nurnberg 联合国际有限公司的安排出版本书。未经许可,不得以任何手段和形式复制或抄袭本书内容。

书　　　名	新型创业领导者:培养塑造社会和经济机会的领导者 XINXING CHUANGYE LINGDAOZHE: PEIYANG SUZAO SHEHUI HE JINGJI JIHUI DE LINGDAOZHE
著作责任者	〔美〕丹娜·格林伯格（Danna Greenberg）　〔美〕凯特·麦科恩–斯威特（Kate McKone-Sweet）　〔美〕H.詹姆斯·威尔逊（H.James Wilson）　主编　吴文华　林晓松　曹　明　译
策 划 编 辑	贾米娜
责 任 编 辑	贾米娜
标 准 书 号	ISBN 978-7-301-30802-8
出 版 发 行	北京大学出版社
地　　　址	北京市海淀区成府路 205 号　100871
网　　　址	http://www.pup.cn
微信公众号	北京大学经管书苑(pupembook)
电 子 信 箱	em@pup.cn
电　　　话	邮购部 010-62752015　发行部 010-62750672　编辑部 010-62752926
印 刷 者	涿州市星河印刷有限公司
经 销 者	新华书店
	890 毫米×1240 毫米　32 开本　9.75 印张　193 千字 2020 年 5 月第 1 版　2020 年 5 月第 1 次印刷
定　　　价	39.00 元

未经许可,不得以任何方式复制或抄袭本书之部分或全部内容。
版权所有,侵权必究
举报电话:010-62752024　电子信箱:fd@pup.pku.edu.cn
图书如有印装质量问题,请与出版部联系,电话:010-62756370

本丛书系列由美国百森商学院、厦门大学 MBA 教育中心和

北京大学出版社联合推出

支持中国的创业创新实践和创业教育实践

These series are brought to you by the collaboration of Babson College, MBA Education Center of Xiamen University and Peking University Press, in support of the practice of Chinese Entrepreneurship and Chinese Entrepreneurship Education.

百森商学院教授创业学经典丛书
编委会

Candida Brush　百森商学院
John Chen　百森商学院
沈艺峰　厦门大学
吴文华　厦门大学
郭　霖　厦门大学
王明舟　北京大学出版社
林君秀　北京大学出版社

Preface

At Babson College, we educate entrepreneurial leaders who create great social and economic value everywhere.

Babson founded the academic discipline of entrepreneurship; we invented the methodology of Entrepreneurial Thought & Action; and we redefined entrepreneurship to embrace Entrepreneurs of All Kinds. We believe that entrepreneurship is a mindset, a way of looking at the world, and that it can be applied in any context, from corporations to startups to NGOs.

Through this book series, we are excited to share key lessons from renowned Babson faculty members with readers around the world. Our Babson faculty members are global leaders in entrepreneurship education. Their unmatched insights into business and entrepreneurship ensure that Babson remains a pioneer in entrepreneurship education and on the leading edge of research and pedagogy.

As we approach our Centennial in 2019, we are focused on preparing entrepreneurs to lead in a new way, creating social and economic value simultaneously, and, in doing so, transforming lives, businesses, and communities for the better. By offering a transformative experience, fos-

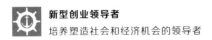

tering intentional diversity and preparing graduates to apply Entrepreneurial Thought & Action. in all settings, our graduates are ready to lead and make a difference in our rapidly changing world.

At 40,000 and growing, Babson's global network of alumni and friends is poised to tackle big challenges—climate change, youth unemployment, global poverty—with entrepreneurial energy and Babson spirit; creating jobs, strengthening communities and generating social and economic value that goes beyond personal gain and extends to families, employers and society as a whole.

At Babson, we understand that entrepreneurship is the most powerful force for creating positive change in the world. Now, building on nearly 100 years of leadership in entrepreneurship education, we are striving to bring Entrepreneurial Thought & Action. to everyone on the planet.

This is an exciting time for Babson as we build on our successes and continue into a second century of innovation and leadership. Thank you for being part of this journey.

Sincerely,
Kerry Healey
President
Babson College
July, 2017

丛书序

在百森商学院,我们为创业领袖们提供创业教育。他们在世界各地创造了巨大的社会和经济价值。

百森商学院创立了创业学科;创造了"创业思维与行动"的方法;重新将创业学定义为包含"一切创业行为"的学科。我们确信创业学是一种思维的方式、一种观察世界的方法,无论是对于大企业、新创企业还是非政府组织,创业学在任何场景下均适用。

通过这套丛书,我们非常欣喜能够将百森商学院著名教授团队的重要心得与世界各地的读者分享。百森商学院教授团队的成员均为全球创业教育领域的翘楚。他们对商业和创业无与伦比的洞察力使百森商学院在创业教育上一直保持先行者的位置,同时在研究和教学方法上也具有领先优势。

2019年百森商学院将迎来百年校庆,我们一直专注于帮助创业者做好准备,使他们能够以一种新的方式引领世界,并

新型创业领导者
培养塑造社会和经济机会的领导者

创造社会和经济价值;在这个过程中,也让自己的生活、事业和社区变得更加美好。通过提供具有变革性的经验,有意识地培养多样性,让毕业生们能够将"创业思维与行动"应用到所有场合,从而在这个快速多变的世界独领风骚,不同凡响。

百森商学院在全球的校友和朋友已经超过 40 000 名,而且人数还在不断增长,他们具备充分的能力,秉持创业的正能量和百森商学院精神去迎接巨大的挑战,如气候变化、青年失业、世界贫困等;他们将创造新的就业机会,强化社区的功能,并将创造的社会价值和经济价值从个人利益延伸到家庭、雇主及整个社会。

在百森商学院,我们知道创业学是促使这个世界产生积极变化的最强劲的力量。现在,以近一百年的创业教育领导地位为基础,我们正努力将"创业思维与行动"带给这个世界上的每一个人。

百森商学院将立足已有的辉煌,迈入充满创新和领导力精神的另一个世纪!这是一个多么令人激动的时代!感谢你们成为这一伟大进程中的一员!

克里・希利(Kerry Healey)

百森商学院校长

2017 年 7 月

译者序

彼得·德鲁克在他最后一部著作《21世纪的管理挑战》中提到，预测未来的最好方法是进行创造。那么，什么样的领导者才是这个动荡（volatility）、无常（uncertainty）、复杂（complexity）、模糊（ambiguity）（英文简称VUCA）的商业世界中最有活力的创造者和引领者？作为肩负商业精英培养重任的高等院校，如何开发和培养创造未来的人才？过去的五六年间，厦门大学管理学院MBA中心进行了诸多的尝试。早在2014年，学院领导就倡导重新思考面向未来的MBA项目的定位和培养目标。经过教师们的充分酝酿和讨论，MBA中心于2014年年底提出了"财务黄埔、创业摇篮"的特色定位。"财务黄埔"延续了厦门大学管理学院一贯的学科特色，"创业摇篮"的提出不仅是响应李克强总理在2014年9月发出的"大众创业、万众创新"的号召，更重要的是福建省本身富有浓厚的创业文化氛围，且厦门大学管理学院较早就开始了创业研究，并在本科和MBA层次开设了创业教育项目，积累了相关经验。为了实现"创业摇篮"的新定位，即着力培养MBA学生的创新创业精神、理念、技能并推动学生们自主创业，厦门大学管理学院MBA中心做了一个发展创业教育的"五年规划"，其中一项举措就是引进并翻译一批世界经典的创业教材和学术专著。

2015年6月下旬，我有幸受管理学院委派，和其他四位教师一起来到全球创业教育的领导者——美国百森商学院，参加了为期两周的"创业教育工作者论坛"的学习。其间，我们体验了百森商学院教师如何通过巧妙的课堂设计来提升学生们的认知双元思维能力以及怎样在两种思维之间灵活切换，对其中的"拼图游戏"和"缝被子游戏"记忆犹新；而"棉花糖塔挑战"则让大家懂得如何才能更有效地开展团队合作并管理期望目标、完成团队任务。充满"做"和"行动"的学习过程让我们这些不容易冲动的资深教师也深感刺激、开心且回味良久。

2017年9月，我和厦门大学管理学院前院长沈艺峰教授、分管国际合作的厦门大学副校长邬大光教授一行人再次来到百森商学院，这次厦门大学管理学院MBA中心与百森商学院、北京大学出版社三方共同签订了《"百森商学院教授创业学经典丛书"合作出版协议》。自此，百森商学院的一批经典著作将由厦门大学管理学院的教师翻译，并由北京大学出版社陆续出版。

当接到《新型创业领导者：培养塑造社会和经济机会的领导者》这本书的翻译任务时，我们是欣然接受并且也觉得责无旁贷。作为多年从事商学教育和创业教育的研究者及教师，我们对"未来一代的领导者应该具备什么样的素质和才能""如何培养能够迎接未来挑战的管理者和领导者"进行了一定的思考，也积累了不少经验，但感觉还没有找到明确的方向。回答这些问题比我们想象中的要难得多。

《新型创业领导者：培养塑造社会和经济机会的领导者》记录了全球创业教育领导者——百森商学院领导和教师三十多年来对这些问题的思考与实践，很有启发意义。这本书的核心观点简单明了：

第一，创业领导者是拥有全新的心智模式和领导方式的领导者，是能够迎接未来的挑战、创造未来的社会和经济机会的领导者。创业领导者并不局限于那些自己创办一家企业的创业者，也包括追求创业企业之外机会的领导者，比如在一个老牌企业中引进新产品和新工艺、解决被忽视的社会问题、改变政府和非政府组织现有的服务及政策等。

第二，创业领导者要在心理上认同、在行为上遵循创业领导力的三项原则。创业领导者要能够迎接未来的挑战，首先要变革自己的思维模式，懂得灵活运用预测逻辑和创造逻辑这一认知双元思维模式进行决策，特别是当一个组织的未来目标和环境都变得越来越不可预测、不确定时，创业领导者必须学习如何通过行动和实验来创造未来。实际运用这种相异的思维和行为方式时，必须秉持全新的商业和社会价值观，即社会、环境和经济责任与可持续性要协同一致。创业领导者必须懂得如何驾驭社会、环境和经济价值创造及其内在的紧张关系与协同效应，学会同时创造社会、环境和经济价值。创业领导者还要充分地认识自我和自己所处的社会环境,只有真实而深刻地了解自己的人生目标和身份以及自身如何受周围环境的影响,才能把自己的价值观与激情关联起来,在不确定和不可知的环境下做出更有效的决策。

第三,书中指出,当今的商学教育因过分注重教授学生们重视股东价值但忽略社会和环境价值、强调经济责任但忽略伦理和社会责任而广受批评。因此,作为管理教育工作者,我们也要秉持创业领导力的三项原则,重新设计甚至创建新的管理教育和发展规划来培育创业领导者。这本书为创业领导者的培养模式提供了一个理论框架,每一章都用鲜活、丰富的案例说明各个学科的管理教育工作者应如何将创业领导力的三项原则融入课程乃至整个课程体系之中。

整本书读起来轻松愉快,又常常让人掩卷深思。相信无论是商学专业的学生还是从事商学教育的教师,抑或是组织中的各类管理者,都能从阅读这本书中获得启发。

这部译著的顺利出版发行,首先要感谢的是厦门大学管理学院前院长沈艺峰教授,他是"百森商学院教授创业学经典丛书"的发起者和推动者之一;其次要感谢北京大学出版社经济与管理图书事业部的林君秀主任,特别是本书的责任编辑贾米娜老师,她们细致而卓有成效的工作使本书的翻译、出版过程平稳、顺利;最后还要感谢百森商学院高级经理人培训中心负责人 John Chen,他也是这套丛书编委会的主要成员之一。

吴文华

2020 年 1 月 15 日

在关于如何为 21 世纪培养新一代的企业家、领导者和管理者的新思潮中,这本书堪称经典。这本书的讨论立足于清晰、明确的概念体系,并以实际应用为目的。通过阅读这本书,你将获得一个有价值的洞见,即在辅导学生们进行质变学习的过程中什么是重要的以及如何进行。

——罗伯特·F. 布鲁纳(Robert F. Bruner),弗吉尼亚大学达顿商学院院长,查尔斯·C. 阿博特(Charles C. Abbott)工商管理教授,《来自地狱的交易》(*Deals from Hell*)一书的作者

在这个充满各种问题的世界里,我们迫切需要更多创业型的问题解决者——无论是从零开始创业的有志青年,还是大公司内部发起突破性举措的变革推动者。这本书令人印象深刻,它展示了享有全球最好创业教育声誉的百森商学院关于两个永恒问题的最新观点:是什么让创业领导者与众不同?培养这些有抱负的创业领导者取得成功最有效的方法是什么?最好的教育不仅要告诉你需要掌握什么知识,而且要改变你的思维方式。这本书成功地做到了这一点。

——威廉·C. 泰勒(William C. Taylor),《快公司》(*Fast Company*)的联合创始人和创始编辑,《激进实践》(*Practically Radical*)一书的作者

新型创业领导者
培养塑造社会和经济机会的领导者

在这部著作中,百森商学院拓展了自己在管理教育领域的领导地位。事实上,这本书有效地论证了 21 世纪的管理需要创业领导力。大一些的企业应该要求每位高管人手一本。

——斯蒂芬·斯皮内利(Stephen Spinelli),宾夕法尼亚大学校长,捷飞络(Jiffy Lube)公司联合创始人

这本书基于百森商学院三十多年来对创业学的开创性研究和教育实践,对传统的商业教育提出了挑战,令人信服地指出,拥有创业心智模式是我们在这个复杂得令人难以置信的世界取得成功的关键——不仅是对创业者,对各级管理者也是如此,无论他们是在商业企业还是非营利组织中工作,是在高度发达的国家还是在新兴经济体工作,这都是一本必读之书。

——盖伊·普费弗曼(Guy Pfeffermann),全球商学院组织(Global Business School Network)首席执行官、董事局主席

三十多年前,百森商学院是第一所把创业学作为一门学科的高校,随着这本书的出版,百森商学院再次证明了自己是管理教育领域的创新者。这是一本发人深省的好书,提供了非常实用的洞见,教授未来的创业领导者如何以更具批判性和分析性的方式思考及行动,努力获得更清晰的自我和社会意识,并取得非同凡响的成就。

——威廉·D. 格林(William D. Green),埃森哲咨询公司董事长

这本书为培养能够同时创造社会、环境和经济价值的领导者描绘了一幅蓝图,并为如何变革管理教育以实现这一蓝图提供了切实可行的建议。

——利兹·C. 莫(Liz C. Maw),Net Impact 公司执行董事

这是一本人们期盼已久的书……有些章节讨论了界定企业社会责任指标的挑战以及将企业社会责任与企业社会绩效关联起来的难度,这些章节有可能影响我们商业课程体系的内容。

——诺琳·R. 夏普(Norean Sharpe)博士,乔治城大学麦克多诺商学院分管本科教学工作的副院长

(管理教育的)重塑是必然的,且必须以极大的勇气和充满活力的方式来完成。在这本书中,你将找到一种切实可行的方法来重塑管理教育。这是所有经营商学院、在其中任教或计划进入商学院的人士的必读之书。

——凯文·C. 德索纳(Kevin C. Desouza),华盛顿大学信息管理创新研究所副教授兼所长,《内部创业》(*Intrapreneurship*)一书的作者

前 言
Preface

百森商学院目前的课程根植于三十多年前开启的智慧之旅。那时,大部分学校主要依靠科学的方法培养在美国、欧洲、日本那些充满活力和快速成长的企业、政府部门中工作的管理者及职业经理人,而作为经济发展主要贡献者的企业家基本上被忽略了。认识到这一点,百森商学院最早聚焦于创业,并把它作为一门学科来研究。

我们发起了一个创业项目,开展了商业计划书大赛,建立了一个创业中心,举办了首次创业研究会议,并开始系统性地培训创业学教师和创业人员,如举办创业学教师研讨会和全球创业监测研讨会等。所有这些管理教育的创新使得百森商学院成为学界公认的创业学领导者。

发起创业项目,能够让我们系统地总结创业经验。一个重要的洞见是:亲身经历企业整个生命周期是培养商业人才非常有效的一条途径,不管他们是否开始了新的创业。我们也了解

新型创业领导者
培养塑造社会和经济机会的领导者

到创业家以更全面的方式看待商业问题,而不是像管理者那样仅从某一专业领域看待问题。

这些见解在百森商学院催生了两个重要的课程创新。首先是为本科生开设了一门新课程,即他们在本科一年级时要创立和关闭一家企业,期间的收益可以捐赠给他们自主选择的慈善机构。在研究生层次,MBA项目围绕企业的生命周期来重新组织和设计。其次是建立了一个整体的课程体系,不仅引入与企业生命周期相匹配的学科和课程,还聚焦于跨学科问题的解决。本书会引用在此期间开发的许多课程和项目。

智慧之旅的第三阶段始于一种新的认识,过去几年来我们认识到创业者的思维和行动迥异于其他人。也就是说,创业精神最根本的是一种领导方式和心智模式,无论领导何种类型的组织,这种领导方式和心智模式都能够而且应该得到应用。这种全新的对创业领导方式和心智模式的关注正是本书所强调的,我们要培育的是"新型创业领导者"。当然,对这种领导力概念效力的认可主要源自我们的学生和校友,他们指出其在做决策及选择领导方式时受益于这种创业思维和方法。虽然我们的大多数毕业生选择到大企业工作,但他们坦承,这种创业思维和方法无时无刻不在引导着他们的决策与职业发展。

百森商学院的创业项目在这三十多年里的变化与我们生活的世界所发生的巨大变化是同步的。这些变化引发我们对传统商业教育模式有效性的严重质疑,并且越来越清晰地认识到答案可能要从多样化的创业精神中去寻找,想想最近发生的那些变化吧。

我们生活在一个越来越拥挤的星球上,而且贫富差距越来越大,为了弥补这种差距需要创造大量的就业机会,而这是大多数企业和政府无法做到的。结果是年轻人的失业率居高不下,发展中国家的稳定遭到挑战,而发达国家的安全问题则成为隐患,而且,这种经济差距正在各大洲产生重大的国家安全问题。例如,《商业周刊》(*Businessweek*)描述了 2011 年中东地区的动乱就源于"青年失业炸弹"(Coy 2011)。

失业率对商业教育的一个基本假设提出了挑战,这个假设就是毕业生一毕业就能在企业中找到工作。但是,如今需要的是就业的提供者(而不是就业的消费者),以及更多的创业领导者。无论是在公共领域还是在私人领域,这一点日益凸显。2010 年,贝拉克·奥巴马总统召集了一次创业峰会,这成为在全球范围内积极参与创业的象征。时任国务卿希拉里·克林顿把企业家精神视作美国外交政策的一个关键要素,而高盛公司也在 2011 年投入 5 亿美元用于"万家小企业"倡议项目。

其他比较富裕的国家也正在发生重大的变化。曾经确保工作岗位和职业稳定的一些基础结构正在让位于"零工经济",短期项目工作正在成为常态。在这种情况下,从业者需要不断地创造跨组织和跨行业的机会。也许最重要的是,他们也将跨

新型创业领导者
培养塑造社会和经济机会的领导者

区域地追寻这些机会,就像所谓的"金砖国家"(巴西、俄罗斯、印度和中国)已成为新的全球商业活动和创新的中心一样。

通常,这些转变引发的商业挑战并没有被干净利落地打包整理好,也不一定用得上商学院教学生教得最好的那些理性和分析能力。我们必须积极变革管理教育,培养新型领导者:面对没有可靠及相关数据的新兴和未知世界,他们不会束手无策。我们必须培养出可以创造社会和经济机会的领导者。

本书的要旨在于学生们可以通过学习获得认知双元思维。一方面,他们运用创业心智和方法实践新理念并在新的环境中尝试行动;另一方面,他们运用深层次的功能性知识和详细的分析来规划未来的行动。在应对世界上不可知的部分时,学生们可以学着创造性地行动;同时,在信息可获得且相关的领域,学习和提升更传统的能力。未来的领导者必须有能力从未知事物中辨识可知事物,了解在不同情形下工作的不同方式,并且相应地调整行动和认识。

作为管理教育工作者,我们也可以成为这种方式的实践者,特别是当我们试图回答自己根本不熟悉或凌乱的问题时:我们如何将社会和环境责任纳入课程之中?我们如何实施教育全球化?我们如何教导学生们在一个复杂多变的世界里做好实施领导的准备?

本书提供了一种综合集成的方式来看待这些问题,鼓励你在分析及注重盈利的同时考虑社会和环境的可持续性,在做决策和领导组织时考虑多种途径,并且审视自我和社会意识的重要性。我们还处于把这些主题融入课程之中的初级阶段,所以本书后面的内容并不代表最终的结论。相反,我们希望这是一个交流的开始。

沙希德·安萨里(Shahid Ansari),百森商学院教务长
伦纳德·施莱辛格(Leonard Schlesinger),
百森商学院第12任校长

参考文献

Coy, P. 2011. "The Youth Unemployment Bomb." *Businessweek*, February 2. http://www.businessweek.com/magazine/content/11_07/b4215058743638.htm.

目 录
Contents

导　论　创业领导力：塑造社会和经济机会　/ 1
　　　Clorox 公司的案例和绿色工程项目的启动　/ 3
　　　创业领导力的原则　/ 11
　　　旨在培育创业领导力的管理教育　/ 15

第一篇　一种新的思维和行动方式：培养认知双元思维

第一章　认知双元思维：创业领导者的深层心智模式　/ 27
　　　认知双元思维：联结预测方法和创造方法　/ 29
　　　为创业领导者构建认知双元思维　/ 30
　　　培养创业领导者的认知双元思维　/ 39
　　　结　论　/ 45

第二章　创新中的创造逻辑：从行动学习到专长　/ 47
　　　定义关键创新活动　/ 50
　　　教授一种创造方法来进行创新　/ 53

　　　　以创造为导向的高管教育创新　／60
　　　　结　论　／64

第三章　预测逻辑：创业思维分析法　／67
　　　　分析法的逻辑与创业领导力　／69
　　　　向分析型行业学习　／72
　　　　减少创业领导者的分析障碍　／74
　　　　教授创业领导者使用分析法　／75
　　　　结　论　／81

第二篇　一种新的世界观：社会、环境和经济责任与可持续性

第四章　定义社会、环境和经济责任与可持续性　／87
　　　　SEERS 的使命　／89
　　　　帮助创业领导者树立 SEERS 世界观　／94
　　　　设计课程培养学生的 SEERS 世界观　／98
　　　　结　论　／102

第五章　超越绿色：鼓励学生同时创造积极的
　　　　SEERS 成果　／105
　　　　商业与环境可持续发展的历史背景　／106
　　　　如今，商学院发生了什么？　／108
　　　　塑造商学院课程体系，教授 SEERS 世界观　／111
　　　　结　论　／120

第六章　可持续发展指标：会计师接受 SEERS 报告的时候到了吗？ ／125
　　对 SEERS 信息的需求　／127
　　SEERS 报告的要求　／128
　　自愿报告企业社会责任　／130
　　专职会计师在 SEERS 中的作用　／134
　　开发支持 SEERS 的会计课程　／137
　　结　论　／143

第七章　财务挑战：协调社会和环境价值以及股东价值　／148
　　SEERS 的财务框架　／152
　　从财务角度分析 SEERS　／157
　　将 SEERS 融入财务教学的策略　／169
　　结　论　／173

第三篇　引导行动的自我和社会意识

第八章　我是谁？学习和利用自我意识　／181
　　管理发展与对自我意识关注的缺失　／182
　　建立自我意识的主导权　／196
　　结　论　／199

第九章　背景为何？培养创业领导者的社会意识　／202
　　考虑社会背景的必要性　／204
　　培养创业领导者的社会意识　／207
　　结　论　／218

第十章 我认识谁？社交网络的建立和应用 / 221
  社交媒体和认知双元思维 / 223
  帮助创业领导者了解社交媒体 / 226
  结　论 / 235

第四篇　作为创业领导者的管理教育工作者

第十一章 传授"做"的新教学法：培养价值驱动行为的创业领导者 / 241
  一种培养创业领导者的新案例法 / 242
  GVV 实施-脚本案例 / 245
  结　论 / 248

第十二章 全面课程改革：培养创业领导者的主要举措 / 251
  利用多样化的课程改革培养创业领导者 / 252
  运用认知双元思维引领管理教育变革 / 261
  结　论 / 265

致　谢 / 267

作者简介 / 271

导 论
创业领导力：塑造社会和经济机会[①]

我们深信全球创新的潜力可以产生社会和经济机会，相信管理教育可以而且应该在这场运动中起到转型的作用，管理教育工作者可以通过培养一代创业领导者做到这一点，这些领导者根据企业存在的完全不同的原理应用不同的商业决策逻辑。长期以来，利益最大化和股东价值创造被认为是最恰当的商业基准，现在看来已经不完备了（Porter and Kramer 2011）。最大化共同利益、最大限度地减少社会不公正和环境影响才是今天的正道。

我们并非轻而易举地就得出这个结论。过去两年里，我们与一个跨学科的教师团队展开了广泛的研究。在这个过程中，我们调研了百森商学院以及美国和世界各地其他学校的管理教

[①] 本导论中提出的观点基于百森商学院撰写的一份关于下一代管理教育改革的白皮书（D. Greenberg, K. McKone-Sweet, J. DeCastro, S. Deets, M. Gentile, L. Krigman, D. Pachamanova, A. Roggeveen, J. Yellin, D. Chase, and E. Crosina, 2009. *Themes for Educating the Next Generation of Babson Students: Self and Contextual Awareness, SEERS, and Complementary Analytical Approaches to Thought and Action*. Babson working paper）。

育方式，进行了广泛的文献回顾，涉及多个学科领域，如管理教育、认知心理学、财务估值等。最后，我们进行了两项全球研究（涉及1 500多家企业），了解我们正在开发的概念与现实中领导者实际做出决策之间的相关性。这些努力引导我们提出一个观点，即当今社会为什么比以往更需要创业领导者以及这种需要是如何体现的。

创业领导者是怎样的一些人？他们基于对自身的认知和实际工作情境的了解采取行动并塑造机会，为组织、股东和更广泛的社会领域创造价值。他们受其渴求的目标的驱使和激励，考虑如何同时塑造社会、环境和经济机会。虽然他们也会因资源匮乏或高度的不确定性而沮丧，但正如我们的行业研究所表明的：他们依然会通过采取行动和尝试新的方法来解决这些老问题（Wilson and Eisenman 2010）。创业领导者拒绝冷嘲热讽或者对世间的问题听之任之，而是通过整合自我反思、分析、智谋以及创造性的思维和行动，找到途径去启发和引导他人解决那些看似棘手的问题。

值得重视的是，创业领导力并不是创业的代名词，而是一种新的领导力模式。创业者以及创业学的专门学科经常聚焦于新创企业，而创业领导者也寻求创业企业之外的机会。

- 创业领导者在已建立的组织中工作，引进新产品和新工艺，引领扩张机会。
- 创业领导者从事社会事业，解决别人忽视的社会问题。

- 创业领导者参与社会和政治活动,改变了非政府组织和政府部门现有的服务与政策。

这些领导者时刻准备迎接挑战,改变已有方式,创造新的方式,通过不同的组织来解决社会、环境和经济问题。创业领导者团结一致,以独特的思维和行动去改善他们所在的组织及整个世界。

作为管理教育工作者,我们有机会也有责任成为变革的主力军,我们要重新制定发展规划甚至重塑管理教育来培育创业领导力。在这本书中,我们引入了构成创业领导力基础的三项原则,并举例说明不同学科的教师如何改善他们的教学方法来培养创业领导者。在进一步讨论创业领导力并建议如何朝创业领导力的方向来重塑管理教育之前,我们通过 Clorox 公司的案例和绿色工程(Green Works)项目的启动,将这个概念引申出来。

Clorox 公司的案例和绿色工程项目的启动

Clorox 公司的产品线可以追溯到 1913 年漂白剂的问世。随着时间的推移,Clorox 公司凭借其化学合成配方建立了有效的清洁和消毒产品的声誉(Cate et al. 2009)。Clorox 公司的标志性品牌包括 Pine-Sol 和 Formula 409——一些毒性虽很大在市场上却有效的清洁产品。到 2005 年,Clorox 公司的收入已经增长到超过 50 亿美元。除了对已有产品进行小幅改进，Clorox 公司在 20 年内没有推出新品牌。虽然其他行业可能已经转向环保产品，但清洁产品仍然主要隶属于化工行业。每年花费在清洁产品上的 120 亿美元中，"天然"类别的产品只占该行业的百分之一。此外，绿色清洁产品存在相当大的消费障碍，包括消费者对其功效的认知、是否可以在商店里买到和产品价格等。

如果就此结束这个案例，并要求大多数经理人和管理专业的学生评估 Clorox 公司是否应该进入天然清洁产品市场，我们相信大多数人会反对这个决定。在一个案例的讨论中，参与者可能会以多种理由反对新产品线，如天然产品细分市场相对于整个行业的规模小、Clorox 公司缺乏产品创新、Clorox 的品牌声誉以及消费者进入障碍等。基于传统的商业分析方法可以准确地得出这样一个结论：进入天然产品细分市场将是一个高风险的决策，Clorox 公司无法从中获得实质性的经济回报。正如绿色工程项目的市场经理 Jessica Buttimer 所说，市场"太小、太新兴了，而且这些阻碍太多了"（O'Leary 2009）。

然而，Clorox 公司及其领导团队并没有采用传统的管理决策方法。绿色工程项目作为一种产品线被创造出来，当时拥有不同商业世界观的 Clorox 创业领导团队采用了另一种决策方法：采取行动而非仅仅依靠分析来创建新品牌。虽然这项工作是由 Clorox 公司的许多创业领导者实施的，但我们主要关注 Suzanne Sengelmann 和 Mary Jo Cooke 的行动——她们作为领导者负责绿色工程产品线的转型。

2005年，Sengelmann和Cooke作为Clorox洗衣店及家庭护理部门新的业务副总裁，做出了独特的工作安排，两人负责管理一个小团队，该团队与部门中的其他团队是隔离开的。她们对于家庭洗衣服务新机会的展望，被认为是具有创业精神和创新精神的。

Sengelmann和Cooke开始在清洁产品领域与消费者一同开展探索性工作。她们了解到，许多消费者日益担心：他们在打扫其房间时所用的合成化学清洁产品比他们正在清理的细菌和污垢对人体更有害。标榜"规避化学物质的自然主义者"的这个细分市场的消费者既想把有毒的化学物质从家里清出去，又想使用有效的清洁产品。他们对天然清洁产品的兴趣是基于其对家庭健康和福利的关注，而不是对自然环境的保护（Cate et al. 2009）。

Sengelmann和Cooke拥有对这个不断增长的细分市场的职业兴趣，推动天然清洁产品的研发也源自其自身的热情。两位女士都初为人母，经常从一些朋友和社区成员那里听到化学用品对儿童发育的影响，以及化学物质与自闭症和注意力缺陷多动症（ADHD）之间可能的联系。Cooke早在成为时尚人士之前就参与了回收计划，并且两位女士都有环境保护意识和个人兴趣，她们为项目带来的个人激情至关重要，激发团队全力以赴地应对未来三年所面临的挑战——将绿色工程项目推向市场。正如Sengelmann所说，"任何好的想法的实现，都需要个人的激情"（Sengelmann 2010）。

虽然 Sengelmann 和 Cooke 信奉天然清洁产品，但她们也知道 Clorox 的商业机会取决于创造一种天然产品，这种产品即使不比化学产品更好，至少也要同它一样好。Sengelmann 和 Cooke 与企业内部的化学家团队持续保持联系，该团队一直在测试可生物降解的植物和矿物质清洁产品配方。Sumi Cate 是 Kermit 项目的研发经理，在他的领导下，这个"臭鼬工厂"[1]工作小组一直在测试一种替代方法来完善天然的清洁产品。Sengelmann 和 Cooke 与这个团队合作，持续推进，为 Clorox 塑造天然清洁产品这个社会和经济机会。

2006 年年初，在 Sengelmann 和 Cooke 开始探索工作不到一年时，公司风险项目团队前来与她们讨论天然清洁产品的潜在市场。该风险项目团队负责确定下一个跨部门的重大商业创意，并于近期发现欧洲已开发出有效的天然清洁产品。他们把这个信息告诉了 Sengelmann 和 Cooke。当他们看到两位女士对这个新创意产品具有无限的激情和扎实的知识时，便邀请她们一同来经营。在此，我们再次看到激情的重要性，公司风险项目团队的宗旨是仅把新创意传递给对其具有个人激情的团队领导者。感谢这次实践，Sengelmann 和 Cooke 从风险项目团队那里获得了这个新创意，并开始向前推进，创造新的价值主张。

---

[1] 臭鼬工厂（Stunk Works）是洛克希德·马丁公司高级开发项目的官方认可绰号，此处代指类似的研发团队。——译者注

导 论
创业领导力：塑造社会和经济机会

然而，就算 Sengelmann 和 Cooke 满怀激情，她们仍然面临挑战。首先，同时也很重要的是，她们的研发合作伙伴对欧洲的天然清洁产品进行了测试，发现它们并不像风险投资团队所认为的那样有效。不过，几个月后又有了一些突破。2006 年夏天，"可用技术的供应和质量发生了变化"，使得 Sumi Cate 和 Kermit 项目团队终于开发出一种天然清洁产品，该产品可以与已有化学合成产品的有效性相抗衡。该团队最终开发出了五种 99% 不含石化成分的清洁产品，并在消费者测试中匹敌或击败了标准清洁产品（Kamenetz 2008）。

紧接着，Sengelmann 和 Cooke 寻求其所在小组的市场经理 Jessica Buttimer 的帮助，引领项目走向市场。Sengelmann 和 Cooke 选择 Buttimer 开展市场推广工作是出于战略考虑的，因为她们知道 Buttimer 与产品线存在个人关联。Buttimer 是一个年幼孩子的母亲、一个活跃的徒步爱好者，以及当地有机产品市场的支持者。她听闻邻居们希望 Clorox 公司生产更环保的清洁产品（Neff 2009）。Buttimer 怀揣的个人激情有力地推动她对项目付出努力和贡献创新思维。

随着研发团队在创造高品质天然清洁产品线方面取得进展，这些创业领导者不得不面对一个似乎是悖论的市场挑战：一方面，他们可以继续使用 Clorox 品牌，建立消费者对产品有效性的信心；另一方面，老品牌的声誉是建立在化学合成清洁产品之上的，这就面临一个新的市场挑战：说服消费者，Clorox 推出的产品实际上是天然清洁产品。Buttimer 说，"当时有很多关于绿色清洁产品的报道开始浮出水面，但大多数消费者都持怀疑态度"（Kamenetz 2008）。

这三位女士又一次采取了创新的解决方案。她们利用自己的关系网络，与一个之前可能被视为反对者的环保组织——塞拉俱乐部（Sierra Club）建立了合作关系。尽管塞拉俱乐部通常不为一些产品特别是大公司的产品唱赞歌，但这次不同，因为这些创业领导者同时为 Clorox 公司和塞拉俱乐部创造了独特价值（Makower 2008）。价值和激情再次发挥作用，促使双方成功地形成合作伙伴关系。塞拉俱乐部执行董事 Carl Pope 表示，"我认为我们的合作伙伴关系运行良好，因为同在湾区，我们拥有共同的理念……由于拥有共同的湾区根基，我们沟通起来就像我和一位环保人士交谈时那样，顺畅而愉快"（Michels 2008）。共享的价值观和有效沟通的结果是双方达成了一个协议，塞拉俱乐部的标志将出现在绿色工程产品的标签上，而塞拉俱乐部将获得未公开的财务补偿。

这个创业领导者团队终于有了一个消费者可以信任的天然清洁产品生产线。通过已建立的营销渠道，她们解决了与成本相关的其他难题（大多数绿色清洁产品的成本是 Clorox 公司目前产品成本的两倍）和不方便购买的问题（大多数天然清洁产品主要在专卖店内销售）。由于 Clorox 公司与供应商和零售商强有力的合作关系，她们能够以仅仅比传统清洁产品高 20% 至 25% 的价格将产品投放于主流商店。此外，她们还创造性地发起了广大民众（草根）参与的新颖的营销活动，通过

导 论
创业领导力：塑造社会和经济机会

反涂鸦倡议以及使用脸书（Facebook）和 YouTube 等社交媒体网站，将营销活动与"规避化学物质的自然主义者"细分市场的价值观和激情关联起来。

2007 年 12 月，Clorox 公司正式启动绿色工程项目，这是该公司 20 年来的第一条新产品线。在 2008 年的前六个月里，绿色工程项目的产品成为市场份额领先者，估计占市场份额的 42%。目前，绿色工程项目有 10 种产品，品牌效应是天然清洁产品两年来销售翻番的重要原因。塞拉俱乐部也从与 Clorox 公司的合作中获益，Clorox 公司从 2009 年的收入中拿出 64.5 万美元支持塞拉俱乐部的环保事业（Duxbury 2010）。

这些创业领导者无疑是非常成功的，因为她们以非常规的方式完成了这个项目。Sengelmann、Cooke 和 Buttimer 三位创业领导者以其激情和价值观以及独特的以行动为导向、基于网络的方式来寻求机遇，引领绿色工程项目取得成功。Sengelmann 和 Cooke 所采取方式的独特性得到 Buttimer 的回应，Buttimer 认为自己是"Clorox 公司中的一个小型社交品牌的一部分，并不拥有已建立品牌的所有数据，而是持续地尝试以新的、不同的方式与消费者产生关联"（Neff 2009）。

Clorox 公司案例中的创业领导力

这些领导者在 Clorox 公司中的行动体现了我们对创业领导力的概念界定。作为创业领导者，Sengelmann、Cooke 和 Buttimer 共同采取了一种不同的行动方式，而这种行动方式是

新型创业领导者
培养塑造社会和经济机会的领导者

基于一种与众不同的世界观。

这些女士成为创业领导者的第一个独特的元素是,其行动根植于她们对自己和所居住社区的理解。Sengelmann 和 Cooke 的行动源于她们自身的价值体系,建立在她们各自的经历之上。她们没有把自己对环境和家庭的关注局限于家庭内部,而是把自己的价值观传递到各自的工作岗位中。然后,这些女士积极挖掘个人的社交网络以寻求机会。基于对社区和当地各方面的了解,她们能够确定 Clorox 公司应如何定制天然清洁产品来满足这些消费者的需求。

在对天然清洁产品的社会和环境需求充满激情的同时,她们也热衷于追求经济价值。她们认识到,Clorox 公司急需一个商业案例来树立品牌,并努力进行开发。作为创业领导者,她们懂得将社会和环境可持续性与经济可持续性结合起来的重要性。

这些创业领导者从其激情和独特的商业视角出发,依靠以行动为导向的决策方法,将绿色工程项目产品线推向市场。Sengelmann 和 Cooke 并不拘泥于传统的分析,而是采取行动解决了那些可能导致天然产品线夭折的关键问题。例如,绿色工程项目面临的一个关键挑战是赢得消费者的信任,要让消费者确信这是真正的绿色(即环保)产品线。Clorox 公司在一个广泛的范围内搜寻外部合作伙伴,结果与之前可能会被视为产品反对者的塞拉俱乐部建立了创新型关系。传统的分析技术不会导致这种伙伴关系的建立。这个团队通过其行动导向和基

导 论
创业领导力：塑造社会和经济机会

于价值观的方法，不仅改变了行业，而且改变了 Clorox 公司的商业模式（Neff 2009）。

正如上例所述，即使是缺乏创新历史的大型企业，也可以追求突破性思维，同时创造社会、环境和经济价值。要做到这一点，它们需要创业领导者开启价值创造征程，采取不同的决策方法，实施根植于不同商业世界观的行动。

创业领导力的原则

创业领导力涉及一种新的思维和行动方式，源于和过去迥然不同的商业世界观，并运用不同的决策逻辑。好在，创业领导力并不是建立在一套先天的人格特质上的。相反，创业领导者已经发展出独特的心智模式，支持人们采取行动来创造和建立一个更美好的世界。①图 0.1 描述了创业领导力的三项原则，在本节中会有更详细的讨论。

我们把第一项原则称为认知双元思维，它倡导不同的思维和行动方式。创业领导者需要学习如何在认知上具有双元思维，即其决策方法既运用预测逻辑又运用创造逻辑。当一个组织的未来目标和环境都与过去无异时，创业领导者可以运用传

---

① 百森商学院专责工作团队所做的一系列工作就是将这三项原则确定为潜在的创业领导力心智模式的基础。这个工作团队的目标是确定下一代管理专业的学生需要学习什么内容。他们通过采用扎根研究方法，包括采访教师、对校友和学生进行问卷调查，以及了解不同人文学科的教学方法及理论，得出了这种创业领导力的模式。

统的分析模型来预测和管理这种情况。当未来是不可预知的、与过去几乎没有相似之处时,创业领导者必须学习如何通过行动和实验来创造未来。基于认知双元思维,创业领导者学习平衡和选用这两种决策方法。

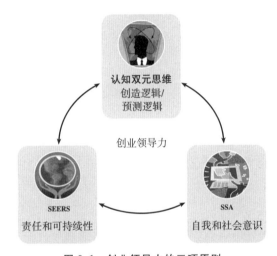

图 0.1　创业领导力的三项原则

引领这种相异的思维和行动方式要秉持完全不同的商业与社会世界观。这一世界观始于对不同商业价值基础的理解,我们称之为社会、环境和经济责任与可持续性(social, environmental, and economic responsibility and sustainability, SEERS)。创业领导者不仅必须知道如何驾驭社会、环境和经济价值创造及其内在的紧张关系与潜在的协同效应,而且必须学会同时进行社会、环境和经济价值创造,而不是按顺序依次进行。

除 SEERS 以外,创业领导者还要利用他们对自身和社会

导　论
创业领导力：塑造社会和经济机会

环境的理解来指导有效的行动，这是创业领导力的第三项原则，我们称之为自我和社会意识（self-and social awareness，SSA）。通过真实而深刻地理解自己的人生目标和身份认同及其如何受到周围环境的影响，创业领导者能够在不确定和不可知的情况下做出更有效的决策。

虽然三项原则中的每一项都根植于现有的观念，但我们超越了现有的观念，因为我们揭示了这三项原则之间的内在联系。我们用反映这些关系的术语重新定义每项原则。而且，虽然其他管理教育工作者分别阐述过每一项原则的重要性，但是我们对这三项原则进行了整合，因此，我们的创业领导力的概念依然是独一无二的。

如果创业领导力是打开社会和经济机会之锁的关键，那么作为管理教育工作者，我们需要考虑如何改变现有的教学方法，进一步开发创业领导者的思维。为了着手创建这种教学方法，我们提出了一系列问题，包括：我们如何培养能够融合分析和行动的独特决策方法的创业领导者？我们如何培养行事时兼顾社会、环境和经济机会的创业领导者？我们如何培养以激情为导向的创业领导者？在研究的过程中，我们很快就认识到目前的管理教育模式在教授创业领导力原则方面存在明显不足。

首先，正如明茨伯格（Mintzberg 2004：464）所指出的，管理教育过于注重分析，侧重于概念和定量建模。虽然这些方法可能有助于教授领导者处理不确定的情况，但不适用于应对

> **新型创业领导者**
> 培养塑造社会和经济机会的领导者

当今未知世界的复杂性。在一个未知的环境中，实施领导的唯一途径就是行动。要发展这些技能，我们应教导学生们如何利用创造力、实验和行动来获取机会（Datar，Garvin，and Cullen 2010）。此外，当今的管理教育也因不重视伦理和社会责任而受到批评（Holland 2009）。我们过分强调的股东价值创造是以牺牲社会和环境需求为代价的（Ghoshal 2005；Khurana 2007）。为了培养具有不同世界观的创业领导者，除了利润最大化，我们还需要一个新的基础来理解价值创造。

最后，要培养创业领导者，我们应教导学生们如何在自己的管理方法中运用自我和社会意识。迄今为止，对于培养那些既反映自我又反映周围世界的领导者的问题，我们还没有给予足够的重视（Mintzberg 2004）。如果创业领导者要激发及创造社会和经济机会，他们就需要把他们的价值观和激情联结起来（Fleischmann 2009）。

如果不考虑以一种新范式来教育管理专业的学生采取新的思维方式、秉持新的世界观以及认识到自我意识的重要性，那么我们就不可能成功应对培养新一代领导者的挑战，而他们将成为未来变革的中坚力量。如上所述，并非只有我们看到了管理教育所面临的挑战，其他学者早已深入探讨了管理教育模式的弱点（如 Datar，Garvin，and Cullen 2010；Mintzberg 2004；Moldoveanu and Martin 2008）。诸如引入 MBA 宣誓，强调伦理道德、领导力和企业社会责任，运用设计思维之类的行动都是朝着正确的方向迈出的重要步骤，但它们也仅仅是步骤而已。这些步骤都不能为管理教育工作者提供一种全面的新型教育方式，来培养能够在当今未知的环境中创造社会和经济机会的领导者。

旨在培育创业领导力的管理教育

在这本书中，我们提出了一个全面的范式，修正或者重新构建管理教育及其发展模式，以便培养能够塑造社会和经济机会的创业领导者。在书中的每一部分，我们都深入探讨了创业领导力这个心智模式背后的三项原则。更重要的是，为了培养未来的创业领导者，我们提供了具体实例，说明各个学科的管理教育工作者是如何将这些理念融入课堂乃至整个课程体系之中的。

我们的许多致力于培养创业领导者的同事贡献了这些想法和实例。我们认同这一重要贡献，在具体章节开始的地方署上了相应作者的姓名。没有署上作者姓名的章节表明其由本书的三位主编撰写。

以下是对后续各章节的概述。

第一篇　一种新的思维和行动方式：培养认知双元思维

在第一篇中，我们解释了认知双元思维的概念，并且描述了如何在创业领导者中发展这种心智模式。认知双元思维背后的原则是，创业领导者必须依靠各种不同但相辅相成的分析方法来思考和行动，以创建及实施在社会、环境和经济上可持续的解决方案。

创业领导者必须了解如何以及何时采用分析方法——这种分析方法一直是管理教育的核心。预测逻辑（我们用来描述传统分析方法的术语）是科学方法的延伸，基于这种方法，学生们学习思考、评估，然后采取行动，将组织推向预定的目标。预测逻辑的前提是，通过细致的分析可以防患于未然或掌控未来。学生们学习如何进行数据挖掘和市场调查，使用传统的统计工具来识别和发展机会。预测方法最适用于那些有预定目标、问题清晰、原因和结果为人所理解、数据可靠和可用的情况。预测方法假定不确定的未来可预测，并且人们可以根据这些预测做出决策。

而创业领导者在新颖性或复杂性限制其预测能力的情况下也可以找到自我。在全新的或复杂的情况下，传统的因果关系不明，收集适当的数据或用历史趋势来预测的分析方法并非总能奏效。在这种不可知的情况下，创业领导者必须学会运用不同的逻辑，即基于行动、发现和创造的逻辑。我们把这种与分析方法形成互补的决策方法称为创造逻辑。

依据创造逻辑，学生们懂得未来是创造出来的，而不是预测出来的。在不可知的情况下，需要采取行动以产生数据和见解，进一步评估问题和机会，并选择下一步的行动。运用创造逻辑，学生们可以学习反思他们是谁，他们有哪些资源，以及他们在确定行动的过程中所处的环境（也可参见 Keifer, Schlesinger, and Brown 2010）。学生们还了解到，当开始这一行动的时候,他们将与包括盟友和对手在内的利益相关者进行网络合作,共同设定其目标。由于是在不可知的环境下,故意外是不可避免的,学生们要学习如何适应或克服。因此,创造逻辑教导学生们如何做出决策——从深思熟虑的行动开始,分析行动所引发的新数据和信息,进而指导未来的行动。

所有的创业领导者都需要运用创造逻辑和预测逻辑,并在引入新的想法和采取创新行动时,善于在两者之间进行切换。创造方法和预测方法不断交替,使个人和组织能够有效地进行创新和管理变革。培养创业领导者形成认知双元思维,不仅要向他们展示基本的理论和方法,还要给他们提供应用和切换两种方法的机会。

第一章更详细地论述了创造逻辑和预测逻辑,并提供了如何将创业领导者引入认知双元思维框架的创新练习。接下来的两章将重点介绍形成认知双元思维的每一种方法。

第二章聚焦于创造逻辑,并介绍了一些课程,旨在教授本科生及经验丰富的管理者如何在创新和创业领导力方面具有认知双元思维。

第三章强调了分析逻辑(一种预测逻辑模式)的重要性,以及它在创业领导者和小企业领导者的创造逻辑方面所起到的补充作用。通过一些预测逻辑课程的实例,我们说明了管理教育工作者如何针对创业领导者认知双元思维的开发构建课程体系。

第二篇 一种新的世界观：社会、环境和经济责任与可持续性

如前所述，使创业领导者独一无二的原则之一是，这种新的决策方式基于一种根本不同的世界观。在第二篇中，我们将探讨如何培养具有这种独特世界观的创业领导者，特别关注社会、环境和经济责任与可持续性的概念，以及以创新的方式来帮助创业领导者理解这一独特的商业和社会视角的重要性。

新兴的全球社会、环境和经济现实迫使我们要教导领导者们不仅要考虑利润创造和股东价值最大化的问题，还要更深刻地理解社会、环境和经济价值创造之间的关系。仅仅专注于经济价值创造的商业范式，或者将社会和环境价值创造置于经济价值创造之后次要地位的传统范式已经不奏效了。个人和组织越来越多地被要求对其行为的社会、环境和经济后果负责。

创业领导者在行事时必须秉持与传统不同的商业世界观，并基于这种世界观理解社会、环境和经济价值创造之间内在的紧张关系和潜在的协同作用。要做到这一点，他们也必须学习如何评估广泛多样的利益相关者的利益、权利和权力。创业领导者不应该质疑是否存在应对一个特别挑战的可持续的解决方案，而应该学习如何开发和实施负责任及可持续的解决方案并衡量其效果。在 SEERS 教学中，我们致力于培养创业领导者，使他们形成同时涵盖社会、环境和经济价值创造的世界观，而不是先经济后其他的传统顺序模式。

第四章、第五章强调社会和环境价值创造。在第四章中，

我们讨论了SEERS世界观，并介绍了一些管理教育工作者正在教授学生的方法，即与复杂的商业决策相关联时考虑社会和环境问题的方法。第五章侧重于环境可持续性和责任，并对如何开发环境问题的资料提出建议，这些资料整合了来自广泛学科的信息，并使学生们思考其行为的科学、法律、道德和文化内涵。

接下来的两章我们把注意力转向SEERS复杂的经济方面。当我们向创业领导者介绍社会和环境价值创造时，也必须教他们如何根据那些已确立的财务模型和财富创造理论思考这些问题。第六章侧重于会计和财务观点以及一些机遇和挑战，这些观点有助于学生们寻求社会和经济机会。我们还讨论了一些独特的方式，通过这些方式，我们可以教育外部决策者和创业领导者考虑会计准则，并开始制定支持SEERS观点的标准。

在第七章中，我们进一步审视了采纳三重价值创造观的财务挑战，以及创业领导者在采用这一独特的世界观时可能面临的一些内心挣扎。这一章提供了一个以严谨的财务分析方式来评估SEERS投资的框架，并为创业领导者参与符合股东价值的SEERS实践做好了准备。

第三篇　引导行动的自我和社会意识

第三篇着重探讨如何培养创业领导者的自我和社会意识，教导他们如何引导自己的兴趣。创业领导力的第三项原则涉及对自我和商业机会的社会背景进行批判性理解。这种理解提供了基于更广阔商业观的新的认识方式基础。从对自身和周围世界的批判性理解开始，创业领导者可以更好地采用不同的视角来应对不确定和未知的情况，同时更有效地共同创设一个持续的行动方案，并就他们的决策可能产生的不确定和模棱两可的结果进行协商。

最后，那些对这种观念有了更丰富理解的创业领导者能够对这个世界有更深入的理解——这使他们能够明白行动的社会、环境和经济意义。要做到这一点，创业领导者必须探索这些关键问题：我是谁？我所处的环境如何？我认识谁，他能够给我什么样的资源？明了这些问题，使得创业领导者能够在未知和不确定的情况下选择行动路径时做出负责任的选择。

第八章着重教导创业领导者认识到"我是谁"并利用这种认识选择适当的行动路径。创业领导者必须从自身的价值观、动力和背景等方面来理解自己的身份，坦诚地面对自己的能力和局限性。引入自我评估和职业发展规划对于创业领导者改变自我认知、采取行动以实现自己的职业抱负，以及指导他人采取同样的行动，都是至关重要的。这种个人成长使创业领导者能够发展技能和洞察力，使他们的组织和组织中的个人以一种新的方式来创造与个人激情及能力相关联的社会和经济机会。

第九章聚焦于解决以下问题：在什么样的社会背景下运作？这种社会背景是如何影响行为的？这一章考察创业领导者如何理解社会背景对行为的影响。一个人的行为受到其所处的社会环境中各种规则的支配。如果不了解自身所处的文化和伦理环境，创业领导者就很有可能处理不好相关者的利益，从而造成不利的后果。对历史、文化和社会背景的清晰的认识，可以加深创业领导者对摆在他们面前机会的理解，也有助于他们把握其行为对周围世界的影响。

第十章思考"我认识谁"的问题，探索创业领导者如何建立和利用关系以共同创造机会。讨论从社交网络对创业领导者的重要性开始，进而考虑利用社交媒体建立丰富的网络。然后，重点介绍一些我们一直在教导创业领导者有效利用社交媒体提供给他们的机会的方式。对于创业领导者来说，要发展这些网络以便共同创造机会，必须首先了解他们自己及其所处的环境，从而拥有能够有效构建未来伙伴关系网络的知识。

第四篇　作为创业领导者的管理教育工作者

在第四篇中，我们讨论具体的实施方法。第十一章着眼于创新案例法，讲解创业领导力的基本原则。教育工作者可以利用"为价值观赋声"（Giving Voice to Values）课程重新确定案例讨论的方向，推动学生们朝着行动、自我和社会意识以及SEERS价值观的方向去努力。

在第十二章中，我们介绍了教师和管理者针对这三项原则重新调整整个课程的具体行动。这一章的核心问题是：管理教育工作者如何引入全面、系统的变革，将学生们的学习重新导向创业领导者的培育？借鉴我们自己的经验，我们提出了解决这个问题的新方法。

总而言之，我们邀请你深入阅读并探索这种创业领导力模式，以及改变你的课程和课程体系的各种方式。我们既兴奋又乐观,因为我们相信创业领导力提供了在世界各地创造社会和经济机会的路径及方法,而这是人们期待已久的。

参考文献

Cate, S. N., D. Pilosof, R. Tait, and R. Karol. 2009. "The Story of Clorox Green Works—in Designing a Winning Green Product Experience Clorox Cracks the Code." *PDMA Visions Magazine*, March. http://www.pdcinc.com/files/Visions_March09.pdf.

Datar, S., D. A. Garvin, and P. G. Cullen. 2010. *Rethinking the MBA: Business Education*. Boston: Harvard Business Press.

Duxbury. S. 2010. "Boost in Clorox Green Works Sales Means Green for Sierra Club." *San Francisco Business Times*, March 2. http://www.bizjournals.com/sanfrancisco/stories/2010/03/01/daily42.html?s=print.

Fleischmann, F. 2009. "What Is Entrepreneurial Thinking?" Paper delivered at St. Gallen University, Switzerland, October 4, 2009.

Ghoshal, S. 2005. "Bad Management Theories Are Destroying Good Management Practices." *Academy of Management Learning and Education* 4 (1): 75-91.

Holland, K. 2009. "Is It Time to Retrain B-Schools?" *New York Times*, March 14. http://www.nytimes.com/2009/03/15/business/15school.html.

Kamenetz, A. 2008. "Clorox Goes Green." *Fast Company*, September 1. http://www.fastcompany.com/magazine/128/cleaning-solution.html.

Keifer, C., L. Schlesinger, and P. B. Brown. 2010. *Action Trumps Everything: Creating What You Want in an Uncertain World*. Duxbury, MA: Black Ink Press. http://www.actiontrumpseverything.com.

Khurana, R. 2007. *From Higher Aims to Hired Hands: The Social Transformation of American Business Schools and the Unfulfilled Promise of Management as a Profession*. Princeton, NJ: Princeton University Press.

Makower, J. 2008. "Clorox Aims to Show That Green Works." *Futurelab*, January 14. http://www.futurelab.net/blogs/marketing-strategy-innovation/2008/01/clorox_aims_to_show_that_green.html.

Michels, S. 2008. "Extended Interview: Clorox CEO and Sierra Club Chief on Green Products." *PBS NewsHour*. http://www.pbs.org/newshour/bb/business/july-dec08/clorox_08-15.html.

Mintzberg, H. 2004. *Managers Not MBAs: A Hard Look at the Soft Practice of Managing and Management Development*. San Francisco: Berrett-Koehler.

Moldoveanu, M. C., and R. L. Martin. 2008. *The Future of the MBA: Designing the Thinker of the Future*. New York: Oxford University Press.

Neff, J. 2009. "Women to Watch 2009: Jessica Buttimer: Global Domain Leader, Clorox Green Works." *Advertising Age*, June 1. http://adage.com/womentowatch09/article?article_id=136909.

O'Leary, N. 2009. "Marketer of the Year '09." *Brand Week*, September 14. http://login.vnuemedia.com/bw/content_display/special-reports/marketer-of-the-year/e3id4e011604f3ec58298aaaf76043e0321.

Porter, M. E, and M. R. Kramer. 2011. "Creating Shared Value: How to Reinvent Capitalism—and Unleash a Wave of Innovation and Growth." *Harvard Business Review*, January/February, 62-77.

Sengelmann, S. 2010. Phone interview with Danna Greenberg. October 21.

Wilson, H. J., and E. Eisenman. 2010. "Report on Business Uncertainty: 2010 Global Survey Results." Babson Executive Education working paper.

Part 1

第一篇

一种新的思维和行动方式：培养认知双元思维

第一章
认知双元思维：创业领导者的深层心智模式

2003年，Jim Poss在波士顿一条街上行走时发现一辆垃圾车正在路上行驶，那辆车在一个垃圾站旁空转，阻塞了交通，烟气从排气管里喷出来，街上的垃圾依然到处都是。Poss想，一定有比这更好的办法。通过调查，他得知，在美国，垃圾车消耗了超过10亿加仑[1]的燃料。这些车辆的平均油耗是2.8英里[2]/加仑，是最昂贵的运营车辆之一（BigBelly Solar 2010）。21世纪初，市政当局和废弃物收集服务部门正在考虑用更省油的车辆和更好的垃圾收集路线来降低整体成本和对环境的影响。Poss不相信这是正确的做法。

在与不同利益相关者交流之后，Poss开始反向思考问题。他认为答案可能不是开发更有效的垃圾收集流程，而是减少频繁收集垃圾的需要。在考虑这个解决方案时，他发现了很多好

---

[1] 1加仑=3.785升。——译者注
[2] 1英里=1.609千米。——译者注

处：如果垃圾桶可容纳更多的垃圾，就不需要经常被清空；如果垃圾不需要经常被收集起来，收集成本和相关污染就会减少；如果垃圾桶里的东西没有溢出来，街道上的垃圾就会减少。这种方法有很多优点。

Poss 通过应用他在工作中使用的太阳能技术，设想了一台能够更好地管理垃圾的新机器。他最初是想设计一台太阳能垃圾压缩机，但这个想法很快就让位于更环保的其他发明，包括一台可以利用海洋潮汐运动发电的机器。总之，这个问题和潜在的解决方案一直萦绕在他的脑海里。Poss 说，"我在蜜月期间拍了不少垃圾桶的照片"（Simpson 2007）。

他开始召集其他人在自己的社交网络中挑选对此可能感兴趣的人，让他们组成一个小组。"我们这样做的动机部分是因为我们关心环境，部分是因为我们知道这在经济上是更有效的。"（Xing 2007）Poss 和他组建的小组尝试了各种各样的选择，最后回到太阳能垃圾周转箱——BigBelly 这个创意上。BigBelly 为他那天在波士顿街道上遇到的问题提供了明确的解决方案。目前的垃圾箱的容量是传统容器的五倍多。因此，它大大降低了垃圾回收的频率，并使燃料用量和垃圾车排放量减少了近 80%。

Poss 等创业领导者需要用技能和知识来界定世界，而不是被世界界定。要做到这一点，创业领导者必须能够在各种情境下——从可预测的到未知的——识别、评估和塑造机会。他们运用创造性和创新的方式为利益相关者及社会创造价值。他们

第一章
认知双元思维：创业领导者的深层心智模式

采用观察、行动、反思和学习的方法创造机会，这是一个持续不断的过程。这就是 Poss 在观察垃圾收集问题、思考基于新技术的解决方案、反思可能性、创建 BigBelly 解决方案时采用的方法。

在本章中，我们将介绍创业领导力所基于的思维和行动方式：认知双元思维。认知双元思维假设两种不同的思维和行动方式：预测逻辑和创造逻辑。要成为一个有效的创业领导者，必须能够熟练运用预测逻辑和创造逻辑，并且在二者之间切换自如。通过预测逻辑和创造逻辑的同时运用，Poss 能够创造经济和环境价值。他切实地把收集垃圾转变成一个价值创造机会。

这一章更详细地解释了认知双元思维，并提供了如何培养善于运用认知双元思维的创业领导者的例子。但是，要做到这一点，管理教育必须从教导创业领导者思考什么到教会他们如何思考。

认知双元思维：联结预测方法和创造方法

创业领导者需要掌握认知双元思维——一种思维和行动的方式，其特点是在预测方法和创造方法之间灵活地切换。一方面，基于现有信息进行分析的预测方法，在确定的和感知到的不确定性水平较低的环境下效果最佳；另一方面，创造方法，包括采取行动来生成以前不存在或无法访问的数据，在极端不确定甚至完全未知的环境下最有效。

在某些情况下，预测逻辑和创造逻辑被描绘成不兼容的思维和行动方式。在理论上和实践中，这种区分都是人为的。通过有意识的努力，一种思维方式可以用来启迪和推进另一种思维方式，两种方式相辅相成。而且，创业领导者运用预测方法和创造方法，能够创造比只用其中任何一种方法更大的价值。

以1974年创建户外服装公司巴塔哥尼亚（Patagonia）的Yvon Chouinard为例。当被问及他是否知道自己采取了正确的行动时，他回答，"如果你要等自己研究透了或者等客户告诉你他想要什么，那很可能就太迟了，特别是对于一家创业企业而言。亨利·福特说：客户想要的不是一辆T型福特车，而是一匹更快的马"（Wang 2010, 23）。Chouinard首先采取行动（创造方法），然后凭借在行动和实验中获得的数据做出决策（预测方法）。他的认知双元思维目前依然在产生令人印象深刻的成果。巴塔哥尼亚仍然是一家由Chouinard全资拥有的私营企业，有约1 300名员工，2009年的销售额达到3.15亿美元。此外，长期以来，巴塔哥尼亚因其对社会和环境责任以及可持续性的重视而获得无数奖项（Wang 2010）。

为创业领导者构建认知双元思维

为了理解认知双元思维这个抽象概念，我们开发了一个练

第一章
认知双元思维：创业领导者的深层心智模式

习项目，让创业领导者体验预测性思维方式和创造性思维方式的差异。这个练习项目是基于 Sarasvathy（2008）关于绩效的开创性研究，其中一床被子和一个拼图的对比揭示了有效性思维与因果式思维的差别，类似于创造逻辑和预测逻辑的差异（见图 1.1）。

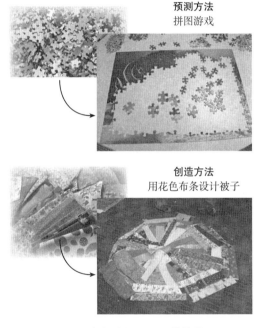

图 1.1 介绍认知双元思维的练习

这个练习可以在任何讨论创业领导力的课程开始时使用。在课程开始的时候，学生们彼此间不熟悉，对教师和课程内容尚不适应。通过这种方式，课程参与者可以模拟在未知世界中的体验。在练习开始时,教师要求学生们分成六组并告诉他们这是一个限时比赛。然后让每个小组成员到他们被指定的桌子旁边,桌上摆放有说明书供参与者阅读。这些说明书表明他们的任务是尽快完成一个包含300个拼图块的拼图游戏。

虽然刚开始做游戏时可能有点儿混乱,但是每张桌子上的拼图很快就变得有序起来,因为大多数学生都有玩拼图游戏的经验。依据经验,他们将中心部分和边缘部分的拼图块分隔开来,搜寻边角块,并对照盒子上完整的图形开始拼图。

五到十分钟后,教师宣布每组需要一名志愿者。随后,志愿者离开拼图桌,被带到一个大的空房间里。房间的一角有数百块五颜六色、不同纹理和大小的布料。这些志愿者感到困惑和好奇。他们被告知,他们每个人现在都是一个制作被子的小组的领队,负责设计一床要被评判的被子;在制作被子时,他们不需要缝制,只要简单地把布料放在地上然后完成被子的设计即可。他们每人选择六块布料,在房间里寻找制作被子的地方,然后把这些布料放下。每位制作被子的领队还被告知,在接下来的45分钟时间内,其他志愿者也将被带到房间里,参与到各个小组的被子设计工作中来。

制作被子的领队先开始工作,五分钟后又有六名志愿者加入进来。这些志愿者被告知他们可以选择六块布料,并加入任意一个小组。每隔五分钟就有一组新的志愿者离开拼图区,进入被子制作室。随着越来越多的人加入被子制作小组,一些被子变得大起来或变得更有创意。很快,整个课堂就从拼图转换到设计被子上来了。虽然参与者们不一定能意识到，但他们刚刚体验了认知双元思维的预测逻辑和创造逻辑。

作为预测逻辑的拼图游戏

拼图游戏类似于认知双元思维中的预测逻辑。拼图盒本身提供了许多已知的变量，包括里面的拼图块数量和完整的拼图图形，两者都可以用来降低完成拼图的难度和完成时间的不确定性。拼图游戏的第一步是确立目标即完成拼图。第二步是获得资源以实现目标：打开盒子并取出拼图材料。第三步是分析每个人的拼图经验，并设计完成拼图的步骤。这可能涉及按颜色分隔各个部分，先完成边缘部分的拼接，等等。第四步是通过对照完整图片和修正计划来衡量进度并做出调整。最后，当所有的图块都拼合起来并与盒子上的图形一致时，游戏就完成了。参与者从一个明确的目标开始，遵循一个线性的过程直至终点。

预测逻辑是拼图游戏经历的生动体现，是大多数管理教育工作者所教授的分析方法。作为这种方法基础的概念和教学法，为学生们提供了分析事件或行动的原因以及预测结果的工具、框架与过程。通过这种方法，管理专业的学生学习如何用观察、经验、分析和推理来预测行动的结果。他们知道，通过对某种情况的原因和结果进行严格的分析，他们可以做出能产生预期结果的决策。

表 1.1 显示了思维和行动的预测方法原则。像拼图游戏一

样，预测方法适用于一定的组织情境，即目标预设、问题清晰、数据可靠和可用。在这种情况下，创业领导者将重点放在评估情境、界定问题和机会、诊断问题、使用既定的框架和工具评估各种可能的行动、确定达到既定目标的最佳解决方案或计划上。这个连续的评估—界定—诊断—设计—行动过程假定我们可以根据过往的经验预测未来。

表 1.1 思维和行动的预测方法原则

---

1. 给定已知信息，目标是预定的和可实现的。
2. 已知足够的信息，经得起严谨的分析和测试。
3. 工具和框架可用于指导决策。
4. 最佳解决方案在一组给定的约束条件下是可识别的。
5. 通过分析，风险可以被最小化或降低以实现最佳回报。
6. 外部组织被看作竞争对手和未来增长的障碍。

资料来源：改编自 Dew et al. 2008；Greenberg et al. 2009；and Sarasvathy 2008。

在管理教育中，预测逻辑一直是教授从会计、组织行为学到创业学等一切课程的主要范式。为了培养创业领导者的认知双元思维，仍然需要教授他们预测方法，让他们学习那些已经确立的工具和框架，以便遵循严谨的分析决策流程。

然而，当今商业环境的模糊性意味着领导者仅掌握预测方法是不够的。在因果关系未知或不确定、信息不明确的复杂情况下，预测方法必须辅以创造方法——这种方法基于行动，发现并塑造机会。创业领导者运用创造方法，通过行动来了解相

第一章
认知双元思维：创业领导者的深层心智模式

关情况，然后观察和分析其行动的结果。

体现创造逻辑的缝被子游戏

这种体验式练习所展示的创造方法类似于一种被称为"疯狂绗缝"的制作方式。疯狂绗缝是美国拼布绗缝最古老的形式之一，是指稍微考虑一下或完全不考虑图案或设计，将不规则的布料拼合起来。这种形式的缝被子游戏于19世纪后期在维多利亚时代的妇女中流行起来。被子的设计、形状、颜色不仅取决于绗缝的知识和经验，还取决于布料的数量和质地以及制作被子的人的创造性。

练习中被子的制作部分凸显了认知双元思维中的"创造"元素。参与者进入绗缝室，拥有的信息很少，资源也很少（六块布料）。他们经历了一种聚焦于手段的过程——根据他们所拥有的材料开始设计被子。这与首先进行被子的设计，然后找到适合它的布料（一个以预测为导向的过程）非常不同。

其他参与者进入房间后，自主选择加入哪个领队所在的小组。他们如何选择一个被子缝制小组是基于不同的想法。一些参与者被一个领队的设计吸引，并觉得自己可以为之做出贡献。例如，有些人可能会被非常规的被子吸引。其他参与者加入与他们对被子的认知相吻合的小组。还有一些人认为，有些小组人手不足，正好需要他们的加入。不管出于什么目的，每个志愿者都带来了额外的资源（布料），并且被子设计方案不断涌现。有时，小组中新进的布料可能会迫使小组的设计转至不同的方向。例如，一个小组可能有一个基于蓝色色调的设计，而这时有人带着红色、橙色和绿色格子的布料加入进来。那么，小组应该接受新布料并采用不同的设计吗？具有创造性思维的小组成员肯定要争论一番，因为每增加一块布料，设计的可能性就会增大一些。

当未来高度不确定和不可预测，以往的信息无法预测未来的活动时，创业领导者会运用创造逻辑。创造逻辑是一种行动导向的方法，是基于这样一种理念，即新的投入（行动、信息和资源）会扩展现有的机会。此外，这是小组内的成员共同创造的方法。不同成员带来了不同的知识、资源和网络。他们通过利用这些不同形式的资源采取行动、创造机会。表1.2显示了思维与行动的创造方法原则。

表1.2 思维与行动的创造方法原则

1. 如果感知到的资源需求超出了你的控制范围，那么着手用你所拥有的资源去创造一些东西。
2. 当未来不可预测时，通过塑造机会去创造未来。
3. 在信息有限的情况下运作时，请在现实世界中采取行动来获取信息，但要接受并利用行动中出现的意外或失败。
4. 在高度不确定的环境下，最优决策是不可能的。通过从现有的手段着手，你会"满意地"迅速采取行动。
5. 确定你愿意付出什么（金钱、时间和社会资本）来从事这项活动。一旦你知道自己愿意付出什么，风险就不再是创业行为的抑制剂。
6. 外部组织、客户和自我选择的利益相关者是共同创造者，而不是竞争者。

资料来源：改编自 Dew et al. 2008；Greenberg et al. 2009；and Sarasvathy 2008。

第一章
认知双元思维：创业领导者的深层心智模式

创造方法是认知双元思维的核心，因为人类的行为从来都不是完全可预测的，全球化和技术变革产生了新奇及复杂的情况。收集适当的数据或用历史趋势来进行预测并非总是可能的。

创造方法的应用可以在 Chris Cranston 的例子里看到。Chris Cranston 是马萨诸塞州沃尔瑟姆市的一家小型企业的管理者。她创建了一个犬科水上康复中心——FlowDog。在创建 FlowDog 之前，Cranston 是一位从事运动医学的物理治疗师。她想要做出改变并且有强烈的意愿从事与动物有关的工作，于是在田纳西大学参加了一个新的项目，该项目提供犬类物理治疗的资格认证。2004 年，她是该项目首批的 100 名毕业生之一。毕业后，她想开设自己的犬类治疗诊所，但意识到很少有人知道可以对狗进行物理治疗。那个时候美国国内几乎没有此类设施，更没有关于市场规模、增长潜力或狗的主人对实施物理治疗的接受程度的数据。

就 Cranston 本人来说，她的资金有限，也没有创业经验。她与兽医界没有任何关系，而且依据马萨诸塞州的法律，如果没有兽医的推荐就不能对动物进行物理治疗。如果用预测逻辑去思考，传统的数据分析表明这就是一次冒险，与 Clorox 公司在天然清洁产品市场推出产品无异。

然而，Cranston 有一辆汽车，还有一些设备，再加上经验和教育背景，这一切都为她提供了知识和网络。她于 2005 年开始了移动式犬类物理治疗实践。在与社区兽医联系了几次之后,她开始接受转诊,业务量通过口口相传也大了起来。这个早期的市场试点鼓励她向前迈出一大步,她于 2009 年创建了 FlowDog——包括一个能容纳 3 000 加仑水的泳池、多间物理治疗室和一家零售商店,面积达 3 500 平方英尺[1]。

FlowDog 的例子就是通过采取行动,使人们能够进一步学习、评估问题和机会,选择下一步的行动方案,采用创造方法改变新形势的未知性。这种行动、观察、反思和学习的过程是动态的,假设未来是创造出来而不是预测出来的,而且建立在创业领导者获取资源以及与合作伙伴互动的基础之上。如果没有采取一步步小的行动并从行动中不断学习,FlowDog 今天就不会存在。

认知双元思维代表了应用创造方法和预测方法的连续循环(见图 1.2)。与预测相关的稳定环境允许一个人先分析后行动。不确定甚至不可知的环境与创造性思维更匹配,要求先行动后分析。然而,这个世界不可能被简单地诠释为要么是稳定的要么是未知的,因此我们的心智模式也必须是双元的。

兰德全球风险与安全中心主任 Greg Treverton(2007)表示,我们无法用与处理拼图相同的思维来解决扑朔迷离的问题。他说:"拼图的确定性可能会更令人满意,但这个世界对我们而言变得越来越神秘。把谜题当作拼图一样对待就像试图解决还无法解决的问题一样——是一个不可能完成的挑战。把

---

[1] 1 英尺=0.304 8 米。——译者注

第一章
认知双元思维：创业领导者的深层心智模式

它们视为神秘事物会让我们更加适应当今这个时代的不确定性。"创业领导者需要同时解决拼图问题和谜题。为了在认知上具有灵活性，他们必须对环境变化保持警觉，并根据对当前和未来环境的了解选择创造方法或预测方法。

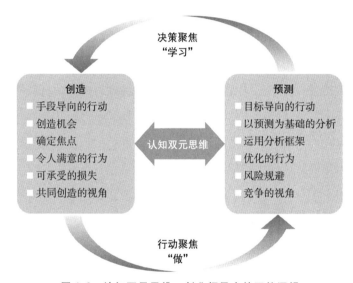

图 1.2　认知双元思维：创业领导力的互补逻辑

培养创业领导者的认知双元思维

培养创业领导者发展认知双元思维的决策方式相当于教人们用双手工作。大多数人都有一只主导手，他们喜欢用这只手来扔球、开门、签名等。每次要用手做一个动作时，人们都会不自觉地使用主导之手。虽然自如地使用双手非常罕见，但可

> **新型创业领导者**
> 培养塑造社会和经济机会的领导者

以通过反复练习和培养耐心得以实现。

与用手类似,大多数人都偏好于某一种思维模式——预测方法或本案例中的创造方法——并将这种思维模式作为主导方法。就像大多数人都是右撇子一样,我们相信大多数管理者更善于运用预测逻辑。这一逻辑习惯的养成与管理教育工作者更注重教授预测逻辑有关,就像过去教师鼓励所有的孩子都使用右手一样。因此,通过改变管理教育方式,我们可以鼓励和支持那些更加注重创造逻辑的领导者。更为重要的是,在一种新的管理教育模式下,我们可以提升创业领导者的认知双元思维能力,使他们能够根据环境的要求在两种方法之间灵活切换。

管理教育的过程导向对我们培养创业领导者的认知双元思维能力提出了另一个挑战。按照由流程驱动的教学法,学生们学习按顺序采用框架和模型。流程定位在预测性思维模式下运行良好,但与创造方法一起使用时其有效性就会大打折扣。为了教授互补的创造逻辑和预测逻辑,教师们需要掌握一种创业领导力的教学法(Neck and Greene 2011)。这种教学法超出了常规教学法中的理解、认识、交流,且要求应用和行动。最重要的是,这种方法需要实践和实验。在一个变化莫测的世界里,我们需要教授能经得起内容和环境剧烈变化考验的方法。

相比较而言,采用流程方法,就像一个制造流程,假设输入、输出都是自己知的。一个流程也意味着一旦你确定了一个正确的输入,就会有一个正确的结果输出。显然,流程方法限制了教师培养创业领导者在变化莫测的环境中掌控方向的能力。相比之下，创造方法需要一整套基于技能、技巧的创造性的和灵活的思维。这种思维导致更高水平的实验，后来的迭代代表了学习阶段，而不是一系列的成功和失败。这种方法需要持续一贯的实践，使知识、专长得以不断发展并应用于未来的实际工作之中。

在下面的章节中，我们将介绍一些独特的方法，帮助学生们在运用创造方法和预测方法时具备认知的双元性。教授认知双元思维的核心是教学方法组合的发展（Neck and Greene 2011）。Finkelstein、Seal 和 Schuster（1998）报告说，在美国 172 000 名教职人员中，76% 仍然把讲课作为主要的教学方法。我们需要尝试更多样化的方法，使学生们能够实践管理，更重要的是，能够实践创业领导力。

管理和创业基础：成为创业领导者的一门体验式课程

"管理和创业基础"（Foundations of Management and Entrepreneurship，FME）是我们开发的一门课程，旨在教会学生们形成认知双元思维。通过模拟启动和运作一家新创企业，课程参与者学习创业领导力的原则和信条。FME 的重点在于机会识别、资源节约、小组建设、全盘思维以及进行价值创造。学生们学习的载体是一家有期限的创业企业，他们通过这门课能够实践创业领导力并对一家企业的所有职能都有所了解。具体的课程目标包括：

- 识别、开发、评估创造社会和经济价值的机会。
- 实践创业领导力。
- 确定何时以及如何运用创造逻辑和预测逻辑。
- 了解综合性商业企业的性质。

由于FME是一门必修课，因此所有一年级本科生都经历了整个创业周期，并通过理论与实践相结合的方式学习了一般的管理技能。

FME是一门两学期的课程。秋季学期被分为几个阶段，先是采用一种方法识别20个商业创意，接着开发和评估这些创意，然后选择两个商业机会（这将在每次60人的FME课程中推行）。学生们将自己与两个机会中的一个关联起来，并创建一个自主选择合伙人的商业组织。春季学期则主要是运作、管理这些商业组织并获取收益。

除新创企业这种方法之外，以预测逻辑为基础的商业专题贯穿了两个学期的FME课程。创建、启动、管理企业并获取收益的过程创造了一个真实世界的情境，在这个情境中，学生们可以将商务基础知识，包括会计、营销、销售、运营、人力资源、信息技术和综合管理运用到实践中。教师将这些基础知识按照特定的顺序引入创业的过程中，根据需要向学生们展示每个专题，以便其为创业经历的每个阶段做好准备。通过这种方式，课程参与者在运用创造逻辑提升技能和信心的同时被引入传统的预测逻辑。

第一章
认知双元思维：创业领导者的深层心智模式

一个例子有助于说明该课程中预测逻辑和创造逻辑的关联。一个学生小组提出了一个商业创意，他们打算采购洗手液，把它们销售给当地社区的大型企业，并提供洗手液续充服务。这个机会是基于一个预测性的分析，包括研究使用洗手液对健康的益处，以及洗手液出现在公共场所壁挂式容器中的可行性。在春季学期，该学生小组遇到了一些障碍，其中之一就是他们在向当地大型企业销售时遇到了挑战。多次失败的电话销售表明，许多采购决策都是在企业层面进行的，采购是由预先获得批准的既定部门执行的。该学生小组重新评估目标市场，并利用自己的网络（家长、老师和同学）塑造市场。通过这些关系，一个新的机会被创造出来。这项业务开始针对小企业，需要进行一次性采购的组织，以及有健康意识、想为宿舍提供洗手液的学生。通过从最初的失败中学习，吸引各利益相关者，并采取行动，更多地了解市场，该学生小组重塑了这个机会。通过创造方法和预测方法的引导及体验，学生们学到了认知双元思维所基于的原则和信条。

教授认知双元思维的其他方法

除了像 FME 这样的高度体验式课程，还有其他一些教学法易用于教授认知双元思维。在这里，我们简要地强调其中的三种方法：设计思维，严谨的游戏和模拟，反思性实践。

设计思维。Simon（1996）认为，在传统科学方法占主流的情况下，是无法教授应用型学科的。企业就是被人们设计出来相互作用以创造有价值的东西。课程的设计也应该是帮助学生们解决真实世界中的客户和社会问题,并应用人类学知识、数据可视化、发散性和趋同性思维以及迭代问题解决技术设计新的产品和服务。这些课程的学习目标可以轻松定制,专注于教授创造逻辑和预测逻辑。

严谨的游戏和模拟。越来越多的证据表明,无论是在笔记本电脑、游戏机还是在手机上玩游戏,把游戏和学习结合起来无疑是一种有价值的教学方法,而且越来越盛行。Edery 和 Mollick(2009)描述了各种各样的公司利用游戏与各利益相关者,包括客户(通过"广告游戏")和员工(通过"培训游戏")进行交流的方式。他们指出:"游戏令人难以抗拒,因为它们最能代表推动人们思考、合作和创造的实质。"我们的一位同事 Patricia Greene 使用了现成的游戏,例如用带有"Open for Business"(开业)拓展模块的《模拟人生》(*The Sims*)游戏,教授学生们组织设计以及如何有意识地开展企业文化建设,以此作为竞争优势的来源。通过这些游戏的使用,学生们将亲身体验如何以及何时运用创造逻辑和预测逻辑。

反思性实践。当学生们运用创造逻辑和预测逻辑学习及工作时,如果他们有机会反思自己的想法,就能进一步提升自己的能力。日记、博客、对事件的深入思考和反思性文章都为学生们提供了批判性地反思自己的认知双元思维的机会,也为他们的持续发展创建了计划。做好这件事的关键是,要使反思成为一个贯穿整个课程体系的综合性活动,以便建立联系的责任不仅在于教师,也在于学生。

第一章
认知双元思维：创业领导者的深层心智模式

结 论

在这一章中，我们强调了动手练习、反复实践和实验以及持续学习在教授创业领导者发展其认知双元思维中的作用。管理教育课程需要教学生们同时熟练掌握预测方法和创造方法。这两种方法可以帮助参与者形成创业领导力的心智模式。该模式包含一个可以适应不断变化的环境需求的工具包，可以用来解决我们在未来将面临的已知和未知的社会、环境和经济问题。我们不能再教学生们思考什么，而必须教他们如何思考。在认知双元思维的心智模式中，对创造逻辑和预测逻辑给予同等重视，这代表了管理教育的重大变化。我们还认为，如果管理教育工作者要履行管理学生和服务整个社会的义务，这种改变就是必要的。

参考文献

BigBelly Solar. 2010. "Company History." Accessed March 3, 2011, http://big bellysolar.com/about/history.

Dew, N., S. Read, S. D. Sarasvathy, and R. Wiltbank. 2008. "Outlines of a Behavioral Theory of the Entrepreneurial Firm." *Journal of Economic Behavior and Organization* 66（1）：37-59.

Edery, D., and E. Mollick. 2009. *Changing the Game: How Video Games Are Transforming the Future of Business*. Upper Saddle River, NJ: Pearson.

Finkelstein, M. J., R. K. Seal, and J. H. Schuster. 1998. *The New Academic Generation: A Profession in Transformation*. Baltimore: John Hopkins University Press.

Greenberg, D., K. McKone-Sweet, J. DeCastro, S. Deets, M. Gentile, L. Krigman, D. Pachamanova, A. Roggeveen, J. Yellin, D. Chase, and E. Crosina. 2009. *Themes for Educating the Next Generation of Babson Students: Self and Contextual Awareness, SEERS, and Complementary Analytical Approaches to Thought and Action*. Babson working paper.

Neck, H. M., and P. G. Greene. 2011. "Entrepreneurship Education: Known Worlds and New Frontiers." *Journal of Small Business Management* 49(1): 55-70.

Sarasvathy, S. D. 2008. *Effectuation: Elements of Entrepreneurial Expertise*. Cheltenham: Edward Elgar.

Simon, H. A. 1996. *The Sciences of the Artificial*. Cambridge, MA: MIT Press.

Simpson, N. 2007. "Beefing Up the BigBelly Business." *GateHouse News Service*, August 2. http://www.wickedlocal.com/needham/news/x225114365.

Treverton, G. F. 2007. "Risks and Riddles: The Soviet Union Was a Puzzle. Al Qaeda Is a Mystery. Why We Need to Know the Difference." *Smithsonian*, June. http://www.smithsonianmag.com/people-places/10024526.html.

Wang, J. 2010. "Patagonia from the Ground Up." *Entrepreneur*, June. http://www.entrepreneur.com/magazine/entrepreneur/2010/june/206536.html.

Xing, Z. 2007. "Interview: Jim Poss, Inventor of the BigBelly." *Sina English*, January 23. http://english.sina.com/technology/1/2007/0123/101651.html.

第二章
创新中的创造逻辑：从行动学习到专长[①]

在企业中，大多数人把产品看作他们拥有绝对控制权的一个因素——不像资本或者员工。但我看到的大多数产品都有自己的生命，脱离了任何人的控制。看看这个叫作 Smartfood 的环保小零食吧，它成功地使每个人的生活都重新步入正轨（Kahn 1988）。

Smartfood 是一种由优质爆米花制成的零食，上面被撒上了陈年的白色切达奶酪。1985 年，它首次被引入美国新英格兰地区，并迅速成为美国最主要的休闲食品，销售额从 1985 年的 50 万美元增至 1988 年的 1 800 万美元。这个产品创新最有趣的地方在于，它的很多方面是创业领导者寻求的创新的副产品。

Ken Meyer 和 Andrew Martin 正在研究 Tug-N-Tie 可重复

---

① 本章由 Sebastian K. Fixson 和 Jay Rao 撰写。

密封的包装袋。那时他们致力于为休闲食品行业打造一种可重复密封的包装袋，这种袋子既要生产成本很低，又要很容易适用于当时的技术。他们花了两年的时间才开发出这种包装袋，结果却发现快餐食品公司对购买它并不感兴趣。于是，他们决定用 Smartfood 来展示这种包装袋的工作原理。具有讽刺意味的是，在 Smartfood 于 1985 年被推出后，他们开发的这种包装袋却从未作为 Tug-N-Tie 包装袋被出售过（Kahn 1988）。

创新是许多创业领导者的关键任务之一。尽管每一代人都声称自己所处时代的商业竞争最为激烈、前所未有，但如今的创业领导者更面临一系列独特的、可预见的创新和竞争的挑战。全球化、经济和技术变革造就了完美风暴，并日益强调环境和社会影响。在几乎所有的市场中，这场风暴都导致产品种类急剧增加，大多数产品的生命周期缩短，竞争者数量大幅增加。因此，任何一个组织今天所拥有的任何竞争优势都可能是短暂的，并且可能需要被不断地重新创造。同样，一个组织持续而可靠地开发新产品和服务的能力成为必需。对于确保新组织的发展和现有组织的长期持续生存而言，创新是最好的选择，也许是唯一的选择。

创新固然重要，却也很困难。最近的调查显示，许多高管认为他们目前的创新努力并不令人满意。例如，麦肯锡最近的一项研究显示，超过 70% 的参与高管表示，创新是公司增长的三大动力之一，但只有 1/3 的高管对自己的创新能力有信心（Barsh, Capozzi, and Davidson 2008）。同样，最近的另一项研

第二章
创新中的创造逻辑：从行动学习到专长

究表明，只有55%的受访企业领导者对自己公司创新投资的财务回报感到满意（Andrew et al. 2010）。

这些高管指出，缺乏创新可能会与我们目前的创新理念有关。在流行的"神话"中，创新常常被描绘成一个天才的灵光一现，只发生在拥有特殊技能、基因或运气的个体身上，或者是一种神迹的产物。与这些"神话"相反，我们认为创新是一种可以学习、实践和提升的方法，创新需要很多人的参与，且以这些人的激情和辛勤工作为基础。

此外，由于创新工作是在一个未知的环境中完成的，因此它要求一个创业领导者必须具有认知双元思维，这是一种在行动的创造方法和从行动所获得的数据中学习的预测方法之间灵活切换的循环。当创业领导者利用手头的资源起步，并迅速创建原型以产生新数据和新想法时，创新就发生了。他们能够通过快速和小成本的失败快速学习，快速改变方向，将风险最小化。运用认知双元思维，创业领导者将经历实验、成功、失败和学习的过程。

我们面临的挑战在于如何让未来的创业领导者在创新方法中具备认知双元思维。从上述创新"神话"来看，有些人认为个人的创新能力是无法被培养出来的，他们强调一些超级创新者（如苹果的史蒂夫·乔布斯、微软的比尔·盖茨和脸书的马克·扎克伯格等）都没有接受完整的正规大学教育，以此来暗示正规的教育可能不利于发展创新能力。毫不奇怪，我们不认同这个论点。相反，挑战可能在于太多的正规教育方法以传统的方式教育学生,即主要依靠讲授而不是让学生们亲身体验创新过程。

为了培养创业领导者,我们作为教育工作者有必要创造基于环境的学习体验,让学生能够实践现实世界的创新方法。我们应当考虑摆脱专注于讲授预测方法的教学法,而追求一种让学生们能够同时体验到预测方法和创造方法的教学法——这两种方法在所有创新中都有所体现。

在这一章中,我们描述了我们开发的培养创业领导者在创新方法中运用认知双元思维的课程。我们提供了背景不同的例子,以便读者可以探索如何将这些想法传授给本科生或经验丰富的管理者——他们正试图构建一种创新文化和创业领导力。尽管这些例子来自不同的管理教育领域,但相似之处在于,它们都依赖于基于经验的教学法来发展认知双元思维。

定义关键创新活动

大多数专家都认为,尽管在标识上存在差异,但创新项目往往涉及三大类非顺序性活动:

- 识别一个机会;
- 创建替代方案;
- 选择和改进方案。

通过专注于这些活动,可以应用创造逻辑和预测逻辑的原则来优化创新教学。在这样的情况下，创业领导者能够开发出一种更准确的认知双元思维框架，来测试和塑造创新的机会。

识别一个机会需要付出一系列的努力去充分地理解所要解决的问题，包括问题的背景和利益相关者的利益。需要注意的是，该阶段的重点是理解问题，而不是创建解决方案。设计界将这种方法标示为引发对用户和其他利益相关者深切的同理心（Leonard and Rayport 1997）。

创业领导者需要依靠激情和自律，以开放的心态探索用户体验，因为他们可能要历经曲折才能培养出深切的同理心。

就像 Smartfood 的例子所显示的那样，Meyer 和 Martin 的激情推动他们创造了 Tug-N-Tie 包装袋；同时，他们的激情和开放的思维使他们能够追寻 Smartfood 这个机会。此外，培养这种深切的同理心需要个人参与共同创造的过程，并且利益相关者能够分享各自的观点。因为同理心超越了事实性知识，所以创业领导者成功实现发展的最佳途径或者唯一途径就是直接接触并尝试其客户体验。在 Smartfood 的案例中，Meyer 和 Martin 利用他们的网络并考虑了不同利益相关者的利益。在他们的对话中，一种想法逐渐演变为专注于爆米花而不是包装袋。通过这个共同创造的过程，创业领导者学会从多个角度去理解问题，这是本书后面要详细讨论的一个关键点。

第二个关键的创新活动是创建替代方案。这涉及创造逻辑和预测逻辑的迭代应用，以获得大量潜在的解决方案，并增大获得一个好的解决方案的可能性（Terwiesch and Ulrich 2009）。

每一个创意本质上都是一种行动,它提供了获得以前从未被考虑过的新思想和新信息的机会。通过从每个创意中学习,创业领导者会驱动一个揭示新选择的迭代过程。正如这一描述所表明的,创业领导者很少单独依靠预测方法获得创新的机会,而是权衡每个可选方案的成本和收益以选择最优的解决方案。创业领导者采取行动,从行动中学习,并利用这些知识指导下一个选择。通过在创造逻辑与预测逻辑之间灵活切换,创业领导者为一个问题找出替代的解决方案。

Meyer 和 Martin 在开发 Smartfood 产品时就采用了这种方法。在决定专注于 Smartfood 之后,他们遇到了许多与生产和分销相关的问题。例如,早期出现的与生产相关的一个问题是,用油和奶酪包裹每颗爆米花,却包裹得并不均匀,影响了爆米花的味道(Kahn 1988)。为了解决这个问题,这些创业领导者开始做生产工艺实验。随着每一次改变,他们都从行动中得到学习,直到最终形成一个新的改进了的生产流程,保证了更一致的奶酪涂层和味道。虽然技术发挥了辅助作用,但从经验中学习才是解决方案的关键(Kahn 1988)。

系列创新活动的最后涉及选择和改进方案。这从生成有关选择方案的信息开始。设计原型——对创意及其可行性的早期初步测试——是生成这些信息的首选方法。在早期开发阶段,原型设计的目标不是确认而是探索。换句话说,测试创意,直到有所突破,以便人们能够了解这些创意的潜力和局限性。原型制作基本上是创造性实验,采取行动并从行动中学习,以指导未来的行动。早期的原型设计的结果提供了关于问题本身及其相关解决方案中各种选项的新信息。类似于同理心的培养,这种学习最好通过积极的实验来进行。原型制作是一种工具,可以用来测试和评估借助创造逻辑生成的机会。

创新的这三组活动与认知双元思维中的创造逻辑的核心要素相一致。在设计创新课程的同时,我们也强化了教学方法,教授创业领导者运用创造逻辑实施创新。在下一节中,我们将提供本科生和高管教育课程的例子,以突出我们如何帮助创业领导者发展其运用创造方法进行创新的能力。

教授一种创造方法来进行创新

我们发现,体验式学习,以及学生们在学习体验上的积极参与,是使他们将创造逻辑与创新联结起来的最有效的方法。创新的体验式学习需要考虑两个主要维度。首先,任何创新学习团队的构建都至关重要。许多现代技术要求参与者具有多学科能力。除了技能的多样性,团队成员之间的相互信任、成员的心理安全也必不可少,他们要接受开放性的实验,接受失败的可能性（Edmondson and Nembhard 2009）。其次,学习项目的类型、范围和背景的选择也很重要。创新项目应该驱使团队去探索未被考虑的可能性,但同时它也不应该是一个不可能实现的目标。与适当的项目范围选择一致,项目背景应该支持项目和团队,但不能消除所有的限制因素——这些限制因素有时正是创意的来源。

下面的讨论强调了我们在创新课程中如何管理体验式学习的方方面面。

本科生课程"产品设计与开发"的创造逻辑

"产品设计与开发"（Product Design and Development）是一门跨学科的本科生课程，旨在引导学生们创造性地开展创新活动。这门一学期的课程结合了三个学科、三个独立院校的学生和教师：商学（百森商学院）、工程学（奥林工程学院）和工业设计（罗德岛设计学院）。在跨学科的团队工作中，学生们将体验产品开发的过程，从机会识别到模型构建，再到解决方案的经济和环境分析。

以行动和体验作为课程的主要学习方式，整个团队开展了整整一个学期的项目，学习关于用户和市场的知识，提出新颖的创意，开发和优化原型。课程以教师进行简短的授课（介绍工具和方法）开始，紧接着进行课堂练习和讨论以及开展工作室风格的工作。在整个课程过程中，测试、实验和从失败中学习都是产品开发周期的关键部分。过去的学生项目团队用最多500美元的种子资金，开发了各种各样的创新产品，包括新的公共饮水机、智能式节能电源延长线、创新的旅行箱包以及预防行人和汽车发生交通事故的解决方案。

我们强调创造性地进行创新的方法之一就是教导学生们在团队中与其他利益相关者一起工作。现今未知问题的复杂性要求我们从多学科的角度加以考虑。在多学科团队中工作对学习的影响是巨大的（Hey et al. 2007）。同时，跨学科的协作可能是困难的，因为每个参与者都已经形成了自己的语言、价值观和激励机制。即使是高等院校的学生，专业性职业的社会化程度也是相当高的（Ettlie 2002，2007）。因此，让来自不同学科（如商学、工程学和工业设计）的学生在一个项目里一起工作，将会使他们面对与不同视角的利益相关者共同创造的挑战。团队组成的类型与学生们毕业后所经历的真实创新团队是相似的。

在使用创造方法时，学生们体验协作活力的一个有趣的方式是团队如何将任务分配给不同的个人。有些团队很早就决定，团队成员将处理与其技能相适应的问题。其他团队则选择了相反的方法：团队成员自愿为完成任务开发一项新技能。在后一种情况下，学生们倾向于传授和分享他们的专业知识，总的来看，这些团队更全面地完成了任务。尽管我们的数据集很小，但后一种方法似乎可以带来更好的项目成果和团队成员更高的满意度。在成果汇报会上，那些来自极度缺乏相互传授知识氛围的团队成员往往会表达出失望的情绪，因为他们的一些队友不愿意分享自己的知识。

这样的跨学科团队可以让学生们了解协同创造的许多元素。首先，在实施创造导向的创新时，课程参与者会关注选择团队成员的不同方法。成员不是根据特定角色而是根据他们的知识和技能来选择的；一旦做出了明智的选择，角色就会从这些技能组合中产生。如果不让个人扮演特定的角色，团队就可以实现更多的知识交叉传授，这是对创造方法的支持。其次，学生们认识到把所有人作为共同创造者而不是竞争者来对待的重要性，这与创新中的创造导向是一致的。通过这种合作方式进行创造，创业领导者能够更广泛地利用他人的知识和技能来指导行动。

鼓励团队内部的协同创造和相互学习是我们正在开发的主要内容之一。我们强调信任在建立关系中的重要性。例如，我们引入的第一项任务是与项目非直接相关的练习：同一组的学生被安排互相学习。我们发现这种方法不但突出了人际信任对团队的重要性，而且实际上已开始构建团队。此外，我们还在课程初期将一个简短的演讲和一个关于团队动力的相关练习整合在一起。我们发现提供持续的指导来监控团队的内部动态，并培养学生对伙伴关系的理解很重要。虽然这种方法是资源密集型的，但也是值得的，因为它促进了参与者对创造方法这个核心元素的学习。

关于项目和团队形成，一个核心主题是激情可以为创造方法增色，尽管激情可能以不同的形式出现。例如，在开设这门课程的第一年，我们让每个学生都向教学团队提交十个创意，并让他们在一分钟的演讲中向班里的同学描述其最佳创意。然后，我们以学生的偏好为主要依据选择项目，并把他们分配到各个团队中。我们的依据是，一个人的内在动机是努力、创造力和最终的高绩效的关键因素（Amabile 1997）。另外，我们

第二章
创新中的创造逻辑：从行动学习到专长

希望学生们对创新充满激情，这样我们也可以探究激情对于创造方法的重要性。

然而，我们发现学生的偏好模式往往因学校社团的不同而有所不同。为了创建跨学科团队，鲜少有学生能进入他们首选的项目中。创建跨学科团队的要求使我们无法将每个学生与其激情关联起来。第二年，我们把问题陈述和团队形成的顺序倒过来，也就是说，首先建立跨学科团队，然后让学生们识别和发展机会。大部分团队都对自己的项目充满激情。通过这种方法，我们证明了一个学生的激情如大多数积极的情绪一样具有感染性，并且可以让其他人更多地投入到项目中。另外，我们也向学生们展示了程度不同的激情是如何影响其行动的。至此，我们也从行动中学有所获。

对于该学期项目，我们要求学生们完成三个系列的创新活动——识别一个机会、创建替代方案、选择和改进方案，并要求他们在整个过程中实践预测逻辑和创造逻辑，从而发展其认知双元思维。

例如，在引入与机会识别相关的活动时，我们使学生们既能从行动中学习又能得到工具使用和技术上的指导，这些工具和技术有助于他们有效掌控产品设计与开发过程。教师可能会引入一些用户导向的技术，如人类学方法，然后团队根据在人类学研究中发现的内容重新定义他们的路径。通过创造逻辑和预测逻辑的运用，团队采取行动，计划和生成下一步的行动方案。例如，一个关注饮水机改造的团队就遵循了这一流程。通过与消费者讨论如何处理瓶装水等替代水源以及包括视频分析在内的观察性研究，该团队提出了有关饮水机的见解。他们学习的大部分收获来自与主要利益相关者的广泛互动，这些利益相关者共同推动了团队对机会的定义。随着团队对个人如何使用饮水机的深入了解，他们认识到对于现有的饮水机而言，其功能和外观都存在改进的机会。

创造逻辑也会出现在参与者创建多个解决方案的时候。在将创造逻辑与生成多个解决方案相关的活动联系起来的过程中，我们广泛讨论了实验和从行动中学习的重要性。虽然我们强调从失败中学习是其中的一部分，但我们发现真正的理解仅来自亲身体验。

例如，一个专注于预防行人和汽车交通事故的团队，最初探索的是如何通过设置障碍物来防止行人进入交通要道。之后依照创造逻辑，这个团队与行人、司机、城市规划人员和警察进行了面对面的交流，以检验该想法是否可行。他们了解到，在很多情况下，即使是引人注目的障碍物也无法起到应有的作用。当团队意识到其想法存在问题时，他们最初的反应是自己失败了。然而，通过讨论和重构问题，我们帮助该团队理解了实验和从行动中学习的重要性。这种学习，包括对他们最初的想法存在的问题的思考，都直接导致随后设计的一种装置的诞生——它不是限制行人的移动，而是增强了他们对接近车辆潜在危险的认识。

在第三类活动——选择和改进方案中，我们发现原型设计

第二章
创新中的创造逻辑：从行动学习到专长

是引入创造逻辑原则的理想方法。在设计原型样本时，学生们经常需要考虑团队内的技能和知识范围，并确定在可用的技能和资源条件下可行的原型方案。这个讨论强调了如何根据每个团队中个人的组合提供不同的选择方案。

例如，课程参与者通常需要参加工作坊来构建模型和原型。大多数大学的工作坊，针对学生使用其空间和机器设备都有严格的规定，通常只对接受额外训练的学生开放，不同的学生可以获得不同的资源。这种体验有助于了解获取多样化资源的途径，这是创新团队面临的共同挑战。课程参与者学习如何整合与提高团队的技能，并招募关键的利益相关者来对团队的技能进行补充。通过这种方式，在运用创造逻辑的过程中，学生们理解了"我是谁、我认识谁"的自我和社会意识的功能。

课程参与者还将学习 Smartfood 的案例，了解如何通过采取行动形成无法从班级讨论中预测出的解决方案。例如，在设计功能性饮水机的过程中，团队注意到若改变饮水机的水压，饮水机就会喷出一种弧线，这种弧线更易于水重新装满水瓶。通过实验、从行动中学习，并开放性地接纳各种新的可能性，这个团队解决了极具挑战性的问题：制造出一种既可以用来重新装瓶又可以提供直饮水的饮水机。

总而言之，我们将"产品设计与开发"课程本身视为一个创新项目，这是一种教授如何进行创新的体验式方法。通过这门体验式课程，参与者们运用创造逻辑和预测逻辑树立信心。从一开始（识别一个机会）到最后（设计原型），参与者们明

新型创业领导者
培养塑造社会和经济机会的领导者

白了采取行动的价值,这是基于对"你是谁、你认识谁、可以得到什么资源以及在怎样的背景下"的理解。参与者们了解到,行动使他们能够接触到新的数据和新的利益相关者,而这些信息使他们能够进一步细化行动方案,从而获得创新的机会。

这门课程着重于培养创业领导者的认知双元思维,其本身就是一个样本,也是我们持续实验,以期找到更好的方法来应对各种挑战的尝试。也就是说,这门课程已经确立了一种成功的、跨学科的方法来培养创业领导者的认知双元思维(Fixson 2009)。

以创造为导向的高管教育创新

现今《财富》1 000强企业的高管和经理们都非常善于处理高度不确定的复杂问题。利用在商学院所接受的培训和自身的工作经验,经理们倾向于通过传统的战略规划技术——如SWOT(优势、劣势、机会和威胁)、STEP(社会、技术、经济和政治)以及价值链分析(基于现有的知识采取行动)——去迎接未来。高管们先进行环境扫描和分析,然后制定战略。接下来,他们制订项目计划来执行战略,基于标志性成果、趋势线和关键绩效指标对预算进行分配。当业绩达不到预期时,高管们就会花费金钱和精力,力图使业绩回归趋势线。

创新往往是处理"未知的未知"(unknown unknowns),然而在这种情况下,现有的知识可能严重不足,导致对未来的

第二章
创新中的创造逻辑：从行动学习到专长

错误预测。在未知的情况下，一家企业必须通过"经历"来学习，运用创造逻辑来揭示显著变量。这种体验式学习可以采取几种形式。

我们知道，孩子是通过模仿他人、玩耍和实验来学习的：如果我这样做会发生什么？最重要的是，孩子们不怕失败，所以他们能够比成年人更快地学会一些技能，比如学习一门语言。在度过青春期后成长的过程中，我们大多数人都不再玩耍了，以避免失败时出现尴尬。而在工作场所，我们却模仿上司、同行和竞争对手。因此，为了教授创业领导者处理"未知的未知"，我们必须找到一种替代童年游戏的很好的方式。作为管理者和领导者，当我们遇到一段难忘的经历，如一次意外的成功、一次意想不到的失败、一次挑衅或者对我们日常生活的一种冲击时，往往会收获很多。

然而，将创造逻辑应用于企业内部的创新项目，到现在才成为主流。在最近的百森高管教育全球调查样本中，51%的全球高管表示，实验现在是他们所在的组织理解潜在机会并采取行动的首选方法（Wilson and Desouza 2010）。尽管科学家和工程师对这种逻辑与实践更感兴趣，大多数商业专业人士、经理和高管人员对此却要么不了解要么感到担忧。正如前面所说的，管理培训的主要焦点和年度战略规划训练的流行都是对创造逻辑的边缘化，特别是在大型企业中。

从百森的高管教育来看，每当我们为企业提供创新培训项目时，都会刻意通过游戏、实验、模拟和行动学习项目来教授创造方法。以下这些创新的体验式教学法就是我们百森商学院的同事们开发的。

- **TechMark**。在由 Robert Eng 开发的这个模拟游戏中，参与者面对着影响组织整体绩效的意想不到的内部和市场变量。游戏分多轮进行，要求参与者反思自己的决策，并动态地做出改变。
- **珠穆朗玛峰**。这是一种游戏，参与者从中学习如何处理有限的信息，同时管理出现在环境中的新的和意想不到的变量。
- **意大利面游戏**。参与者团队采用创造方法或预测方法来驾驭高度的不确定性。运用创造方法的团队（例如通过快速设计原型）通常会获胜，而那些用较长一段时间进行预测性规划的团队通常会失败。这个游戏说明了在分析之前如何采取行动（快速设计原型）才能更快地发现未知的障碍和机会。
- **第一次服务**。这个练习可以帮助参与者测试在高度的服务复杂性所定义的商业环境中做出的创新决策。

这些模拟练习和课堂游戏确实涉及一些分析与预测逻辑，但主要关注的是体验过程和基于行动的学习。这里的目标有三个：

- 向高管们传授关于创造逻辑的概念。
- 让他们接触到创造逻辑和创新的通用语言——工具

第二章
创新中的创造逻辑：从行动学习到专长

的概念。

- 让他们在自己企业的创新项目中运用创造逻辑。

这些项目设计的几个关键要素对于教授高管们如何提高认知双元思维很重要。

首先，高管们通常会以团队形式参与我们的创新项目。我们在设计团队结构时，趋向于等级中立和技能中立，将所有成员置于一个其常规的工作环境中可能不存在的公平竞争环境中。这种平等和均势为团队注入了无形的活力，包括新的协作和决策方式，特别是当团队之间相互竞争时。

其次，通过将团队置于独特和新颖的情境中，我们迫使参与者们摆脱传统的思维模式，接触不同的技能。结果，参与者们发现自己处于不熟悉的情境之中，这使他们陷入警觉和开放的状态之中。此外，这些模拟练习和游戏还肩负着通过实验、快速设计原型和犯错等方式发现隐藏变量的任务。因而，参与者们能够提升一些关键性的技能，如能够反思：哪里失败了，为什么会失败，以及失败是怎样发生的。

最后，大部分模拟练习和游戏都是分多轮进行的，每一轮之后参与者们都有机会停下来反思决策和行动的后果。因此，参与者们可以带着能够指导未来行动的新知识和新数据进入随后的轮次。

精心设计的模拟练习和游戏——那些为人所不知的未知——帮助参与者们以交替的方式实践创造逻辑和预测逻辑，并识别和开发先天的及其他潜在的创业特质与领导技能。我们开展高管教育的最终目的是帮助创业领导者更有效地引导组织内的创新项目。因此,我们把来自组织的实际项目整合到了我们的教育项目中。

最有效的组织善于利用这些经验和现有资源启动一些小型项目。它们通过需求端的意见(客户)和供应端的意见(技术)之间的快速反馈循环来获得概念的验证,通过快速而廉价的失败和快速学习来降低风险。只有当某些成功得以实现或概念被验证时,它们才会获得扩张所需的资源和资产。这就是行动中的创造逻辑。

结 论

这一章展示了教导创业领导者推动创新的机会在于开发其认知双元思维。通过运用创造逻辑和预测逻辑,创业领导者能够获得更强的能力成功地领导其组织为生存和发展进行创新。创造逻辑和预测逻辑是相互交织的,通过生成数据、对数据进行预测性分析和进一步行动来塑造机会。

在创新背景下引入认知双元思维时,教师必须依靠体验方式让学生们有机会运用这些创新的方法。学生们通过类型多样的练习,能够运用认知双元思维发展自己的技能。

参考文献

Amabile, T. M. 1997. "Motivating Creativity in Organizations: On Doing What You Love and Loving What You Do." *California Management Review* 40 (1): 39-58.

Andrew, J. P., J. Manget, D. C. Michael, A. Taylor, and H. Zablit. 2010. *Innovation 2010: A Return to Prominence—and the Emergence of a New World Order*. Boston: Boston Consulting Group.

Barsh, J., M. M. Capozzi, and J. Davidson. 2008. "Leadership and Innovation." *McKinsey Quarterly* 1: 37- 47.

Edmondson, A. C., and I. M. Nembhard. 2009. "Product Development and Learning in Project Teams: The Challenges Are the Benefits." *Journal of Product Innovation Management* 26 (2): 123-138.

Ettlie, J. E. 2002. "Research-Based Pedagogy for New Product Development: MBA's versus Engineers in Different Countries." *Journal of Product Innovation Management* 19 (1): 46-53.

Ettlie, J. E. 2007. "Empirical Generalization and the Role of Culture in New Product Development." *Journal of Product Innovation Management* 24 (2): 180-183.

Fixson, S. K. 2009. "Teaching Innovation through Interdisciplinary Courses and Programmes in Product Design and Development: An Analysis at Sixteen US Schools." *Creativity and Innovation Management* 18 (3): 199-208.

Hey, J., A. Van Pelt, A. Agogino, and S. Beckman. 2007. "Self-Reflection: Lessons Learned in a New Product Development Class." *Journal of Mechan-*

ical Design 129 (7): 668-676.

Kahn, J. P. 1988. "The Snack Food That's Eating America: A Portrait of the Marketing Strategy, Research, and Development of Smartfood Popcorn." *Inc.*, Aug 1. http://www.inc.com/magazine/19880801/5918.html.

Leonard, D., and J. F. Rayport. 1997. "Sparking Innovation through Empathic Design." *Harvard Business Review*, November/December, 102-113.

Terwiesch, C., and K. T. Ulrich. 2009. *Innovation Tournaments: Creating and Selecting Exceptional Opportunities.* Boston: Harvard Business School.

Wilson, J. H. and K. Desouza. 2010. "Finally: A Majority of Executives Embrace Experimentation." HBR blogpost. http://blogs.hbr.org/research/2010/12/while-he-was-at-amazon.html.

第三章
预测逻辑：创业思维分析法[①]

前两章详述的两个概念——创造力和行动，比"预测""分析的"和"定量的"这样的术语与创业领导力更相关。正如第二章所讨论的那样，流行的"神话"假定创业者对新产品或服务怀有愿景，并决心不管遇到什么阻力都要将其达成。起步于私家车库里的勇敢的创业领导者形象很少涉及回归模型或卡方统计数据的打印输出结果。

这样的"神话"确实存在一些逻辑基础。分析法和基于数据的方法看起来常常与创业企业的创始人无关。首先，创业企业的运营历史不足以积累充足的数据用于分析。此外，新创企业的创业者可能缺乏财务、技术和人力资源以进行大量的定量分析。分析硬件和软件以及技术熟练人员可能过于"昂贵"，无法在大型组织之外获得。在过去，对于小型新创企业而言，分析法显然难以操作。这些印象在学术研究中能够得到一定的支持（参见 Sarasvathy 2001）。

---

① 本章由 Tom Davenport 和 Julian Lange 撰写。

然而，与前几章所讨论的关于创业者的错误观念类似，我们认为，流行的概念和有限的学术研究都不足以得出这样的结论：分析性思维在创业领导力中没有地位。正如第一章聚焦于认知双元思维时所显示的，预测方法表明，分析和量化法应该包含在每一个创业领导者的工具包中，并且他们应该具有使用这些工具的信心和能力。简而言之，我们认为预测逻辑、分析法、因果逻辑、科学方法在创造社会和经济机会方面起着重要作用。

许多观点支持预测逻辑对创业领导者具有日益重要的作用。首先，现实世界的许多领导者反对流行的对非分析型创业领导者的刻板印象。例如，Malcolm Gladwell 在《纽约客》（New Yorker）上的一篇文章（2010）认为，许多创业者采用严格的分析来最小化创业企业的风险。此外，许多成功的创业领袖，包括谷歌（Google）的谢尔盖·布林（Sergey Brin）和拉里·佩奇（Larry Page）、亚马逊（Amazon.com）的杰夫·贝佐斯（Jeff Bezos）、彭博（Bloomberg LP）的迈克尔·布隆伯格（Michael Bloomberg），以及网飞（Netflix）的里德·哈斯丁（Reed Hastings），都将分析法作为其初创企业的核心能力。与许多以分析为导向的创业领导者一样，这些人看到了分析法的应用潜力——不仅可以区分商业模式，还可以创造性地为客户创造价值。

其次，在许多数据密集型行业，包括金融服务业、零售业和在线商务等，其创业领导者若不会进行数据分析、不会做定量决策，是很难取得成功的。

最后，我们相信，在过去几年中，创业领导者使用分析工具的障碍显著减少。我们将在本章更详细地讨论这些因素。

这些因素进一步支持了我们的观点，即创业企业和小企业的创业领导者在追求增长的过程中不仅要运用创造逻辑，还要运用预测逻辑。事实上，许多人已经有了成功的实践。例如，最近百森高管教育在针对 622 家企业的分析中发现，超过 35% 的小型企业（员工少于 100 名）是预测导向的。在拥有 100 名到 999 名员工的企业中，这一比例提高到 52% 以上（见图 3.1），而这些企业很多都是由创始人领导的。

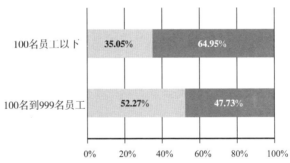

图 3.1 与企业规模相关的预测导向与创造导向

分析法的逻辑与创业领导力

虽然并不是所有的分析法都适合创业领导者，但确实有一些适合他们的方法。例如，随机测试法，我们有时称之为反应性分析法（与预测类型对比），可用来测试各种想法，看看哪些在实践中能够更好地起作用。分析法包括随机分配的测试组和对照组的严格统计比较。它通常用于测试营销推广的价值、商店和分店的变化、可选网页设计以及其他各种业务改进。如果没有随机测试的严密性，就不可能知道干预举措是实际上产生了所期望的变化，还是只是发生了随机变化。

这些方法与创造逻辑结合起来特别有用。一个创业领导者在采取行动之后，可以用这些预测导向的技术来评估行动并指导未来的决策。这种持续的做与学的循环定义了创业领导力。下面是 Joshua Herzig-Marx 对此的描述，他是一名刚毕业的 MBA 学员，也是一位从事数据业务的创业者。

> 测试和学习要求我们在早期确定两件事。一是要很容易地让我们可以运行大量的测试；二是要很容易地让我们可以快速了解哪些有效、哪些无效。测试和学习能够真正迅速推进工作，并创造出一种能够看到发生了什么的能力。我们用随机控制小组进行定向测量。在我们所做的每一件事以及进行的每一次改进中，我们都试图设计一个由假设驱动的测试。

创业领导者需要考虑在创业生命周期中什么时候用分析法是最有利的，什么时候不是。产品和服务开发的早期阶段——有时被称为流程的"模糊前端"——通常不会产生大量数据，因

第三章
预测逻辑：创业思维分析法

而更适合运用创造逻辑。在这个阶段，新产品的潜在客户在具体化各自的需求方面可能价值有限。随着商业环境变得更加莫测，创业领导者可能不得不更多地依赖于创造逻辑、个人和专业网络中的专业知识以及小规模的测试来校准需求。一旦采取行动并收集了一些数据，基于分析的预测方法对于评估行动和用这些新数据指导未来的行动就是非常有用的。

例如，意大利著名设计工作室 Alessi 在进行新产品设计时，首先运用创造性和直观的设计逻辑将产品概念化，然后用分析法进行测试。这一家族企业的负责人 Alberto Alessi 指出：

> 我们有一个非常有用的工具，具有讽刺意味的是，我们称之为"公式"。我们一旦有了一个完好的设计原型，就可以用这个数学模型了。不是从第一个或第二个设计原型开始，而是从第三个开始。该公式的目的是了解我们的最终客户对新产品的反应，以及我们决定开始生产的产品的卖点是什么。（Capozzi and Simpson 2009）

这个定量公式是 Alessi 工作室对 300 个设计项目进行分析后得出的，它评估了感官吸引力、对消费者来说的易用性、功能和价格等因素。Alberto Alessi 表示，该公式对于熟悉的产品类别来说是一个很好的销售业绩预测器，但是对于新品类来说，它必须经过"调整"。

> **新型创业领导者**
> 培养塑造社会和经济机会的领导者

向分析型行业学习

在一些行业,创业领导者几乎不得不用分析法来做决策。这些行业往往涉及大量的消费者、大量的交易,由此得到大量的数据。了解客户的偏好和行为、确定新产品的成功、监测运营的唯一方法就是使用和分析数据。

例如,在金融服务业,数据通常是充裕的;而且,由于货币通常是一种无差别的产品,因此分析法是选择资产、预测价值、进行自动和半自动决策的好方法。在过去的几十年里,因为相对宽松的监管和潜在的巨额回报,许多金融领域的创业领导者都设立了对冲基金。对冲基金经常采用量化策略进行资产管理和交易。例如,鲍尔森公司(Paulson and Co.,由 John Paulson 创建)是有史以来最成功的对冲基金之一,它的许多收益都基于最初的直觉,即房价可能会下跌,而这将为做空与房价和抵押贷款相关的短期投资资产提供机会。一本关于鲍尔森公司及其活动的著作中的引文描述了分析法:

> 他们仔细研究了这些数字,修改了对数和逻辑函数,并在不同场景下运行,试图弄清楚如果房价停止上涨会发生什么。他们的发现似乎令人惊讶:即便房价只是持平,房主们也会感到巨大的财务压力,这将导致典型的次级抵押贷款价值损失 7%;如果房价下跌 5%,将导致高达 17%

第三章
预测逻辑：创业思维分析法

的损失。（Zuckerman 2010）

其他行业也有类似的数据丰富和分析密集的特征。例如，我们最近调查了零售业的分析法应用和趋势（Davenport 2009），结果表明，零售业分析领域呈现出 18 个非常稳定的趋势，包括分析应用、组织趋势和战略规划。这些分析应用包括分类优化、客户驱动营销、欺诈检测、综合预测和本土化等。此外，我们还发现了 5 个新兴的分析趋势，比如实时报价和视频分析。考虑到有这么多的选项，零售业应用分析法的最大困难往往是决定先构建哪些功能。

虽然零售业中分析法最活跃的用户是大型连锁零售商，但在这个行业中，创业领导者若没有一定程度的预测逻辑和分析能力是很难立足的。例如，小型新兴零售商有效地利用了会员卡和由此获得的数据。分析法和预测逻辑的运用还为新兴公司提供了一种方式，帮助大型零售商和产品供应商解决之前因没有数据而难以处理的问题。例如，Joshua Herzig-Marx 的 Incentive Targeting 公司，已经用分析法收集了关于零售杂货店客户新的和异常的数据。Herzigo-Marx 的公司能够为客户和产品供应商提供关于客户与创新问题的由数据驱动的答案：

> 我们总是被问道："买我产品的人还会买什么？"或者"如果一个客户上个月买了我的产品，下个月又有多少人会再买呢？"另一种问题是：企业是否应该扩大类似于"有机产品"这种产品类别？例如，一种常见的问题类型

新型创业领导者
培养塑造社会和经济机会的领导者

是:"买了很多有机产品的新晋父母是否更有可能购买有机尿布?"

在线零售商和电子商务网站的数据甚至比实体店还多。每访问一次网站都会产生大量的数据,如独立访客的数量、在网站上花费的时间、点击次数和转化率等。通过运用预测逻辑来分析这些数据,创业领导者可以设计他们的网站,测试变化,并根据客户以前的行为数据向其提供定制服务。通过这些不同类别分析法的使用,创业领导者可以运用预测逻辑来分析数据并创造机会。

减少创业领导者的分析障碍

除了日益提高的分析业务的价值,另一个优势是创业领导者可以更轻松地使用分析法,因为他们的使用障碍正在稳步减少。过去,分析法的运用要求要有具有大量信息技术的组织、拥有专有交易数据的数据库、昂贵的软件和硬件以及要价不菲的具有博士学历的分析师。然而,大多数障碍(如果不是全部的话)现在已经变小或者已被完全清除了。

例如,数据可以从各种公共资源中获得(有时是免费的),而且无论组织或部门多么小,都很容易生成和捕获在线数据。分析工具也更容易获得。正如许多学生部分是通过电子制表软件学习分析法一样,每一位创业领导者的电脑里也安装了同样的技术软件。Microsoft Excel 就是最常用的分析工具，最新版本可以处理超过一百万行的数据，同时生成各种统计结果和优化分析结果。对于 Web 数据的分析，最常用的工具——谷歌分析（Google Analytics）——是完全免费的。越来越多功能更强大的分析软件可以在"软件即服务"(software-as-a-service) 基础平台上获得，你只需像挑选你喜欢的饮料那样购买你需要的软件，而不需要购买整套软件。随着开源软件和原型设计方法的快速应用，开发自己专有的分析工具也变得越来越便宜。

分析服务很少是免费的，但获取这些服务的选择途径正在激增，成本也在下降。拥有 MBA 学位的人就可以进行详细的分析，即使是那些拥有统计学博士学位的人也可以通过外包的形式从印度的低成本公司那里获得。因此，创业领导者没有理由不使用分析法。

教授创业领导者使用分析法

因为认知双元思维要求创业领导者必须同时精通创造逻辑和预测逻辑，所以我们要求我们所有的商业项目都包含实质性的分析法课程。在我们的学位项目中，我们要求所有的学生都必修预测逻辑课程，并且还要选修其他许多与预测逻辑相关的课程。这些课程的教学方法帮助学生们发展预测逻辑思维，并展示预测方法与创造方法之间的联系。

> **新型创业领导者**
> 培养塑造社会和经济机会的领导者

在最基础的层面上,我们通过教学生们掌握一系列的定量分析工具而将他们引向预测逻辑。我们也教导学生们:基于背景来诠释和沟通结果是很重要的。学生们学习如何选择分析工具以及这些选择对基于创造逻辑的未来行动的影响。通过这种方式,学生们可以学习如何从预测逻辑和分析理解中建立联系,并对可能参与后续行动的其他人产生兴趣。对于具有更多经验,尤其是处在研究生阶段的学生,我们针对预测逻辑的教学采取的是基于跨功能整合的方式。分析法课程与其他业务功能和技能以集成模块的方式讲授。学生们通过学习,弄清楚分析法是怎样与他们在追求社会和经济机会时所做的决策相关联的。

如第二章所述,我们严重依赖体验式学习来教授预测逻辑。体验式学习使学生们能够看到和感受到不同的分析工具对其所采取行动的影响,以及收集不同的数据是如何导致不同的结果的。下面的例子展示了学生们如何在聚焦于初创企业和成长型企业的课程中使用分析法,而不是在专门教授分析法的课程中学习分析法。利用这种方式,通过"干中学",学生们直接体会到把分析(预测)方法和创造方法结合起来去寻求机会的力量。

"创业企业成长战略"课程中的预测逻辑

我们的核心创业课程之一是"创业企业成长战略"(Venture Growth Strategies)。它分为两个不同的版本:一个版本是为本

第三章
预测逻辑：创业思维分析法

科生开设的，另一个版本是为 MBA 学员开设的。每个版本都适用于学生群体的技能和需求。这门课程的重点是在创业环境中管理企业成长的机会和挑战，无论是在单个企业中还是作为大企业的一部分。成长是最终的资源约束因素，追求成长要求企业将所有资源系统延伸到极限，甚至常常超出极限。因此，这门课程追求管理的"极限"，就是使学生们尽可能延伸在其他功能性课程中所学到的知识，并向他们介绍一系列的理论框架、分析技巧和技能，以及他们可以在不断发展的创业企业中使用的决策工具。

为了教授预测逻辑，我们依靠非传统的体验式学习法以及传统的案例分析法。在一些面授课堂上，会有传统的案例讨论和与成长相关的阅读材料的讨论。演讲嘉宾，包括高成长企业中的创业领导者，则提供了更多的视角。

与传统课程不同的是，在该课程中，一个复杂的国际模拟练习围绕着一个中心模块，学生团队在模拟练习中建立和发展虚拟业务，并在高速发展的环境中相互竞争。学生团队从规划战略的初始阶段起步，同样重要的是，模拟练习对于参与团队所采取的不同战略是非常敏感的。这为学生们提供了反映真实世界情况和结果的动态学习体验。

在进行模拟练习的过程中，每个学生团队都被要求管理一家多产品企业，其产品既包括单一的、无差别的、进口的产品，也包括高度差异化的产品组合。管理决策涉及战略、营销、财务、生产、技术、研发和其他职能领域。这门课程为学生们提供了一个机会，使他们能够运用他们在其他课程中所学到的实用技能，在竞争激烈、变化莫测的环境中建立一家成长型企业。

模拟练习的一个关键学习部分是用分析法来支持决策。模拟软件为学生们提供了市场份额、定价、盈利能力、固定成本和可变成本、投资回报率（ROI）等重要绩效指标的数据。学生们将这些数据作为他们决策的一部分，并观察其决策的结果。他们还可以购买有关竞争对手情况的额外的市场研究数据。通过这种方式，学生们逐渐掌握了用分析法来随时间动态制定和调整决策及战略。

学生们的任务是撰写一篇有关面临增长危机的高成长企业的学期论文，通过这种方式，他们进一步加强了学习。学生们将模拟过程中学到的概念和工具应用于增长危机的分析，制订多个替代行动方案，选择和调整他们的建议以推动企业更好地前行。

这门课中的传统案例法也说明了那些正在创建企业的创业者对分析法的运用。如前所述，虽然一些企业和行业对运用分析法表示支持，但我们相信所有的企业都可以从灵活运用预测/分析方法和创造方法中获益。"创业企业成长战略"课程中使用的两个案例——美国的露台房间案例（Patio Rooms of America, Bygrave 1999）和 Matt Coffin 的案例（Bygrave 2006）——说明了这一原则。这两个案例描述了拥有管理学学位的两个人在创建企业时所采用的独特方法，在这两种情况下，分析法都是成功的关键因素。

露台房间案例展示了 MBA 毕业生 John Esler 利用预测分析和创造逻辑建立一个新的组织，即他在新英格兰地区创办和发展一家公司的过程。该公司为新英格兰地区的现有房屋建造露台房间。露台房间案例描述了 Esler 要处理公司面临的各种问题，包括市场、销售、运营、财务和计划等。露台房间案例的特殊性源于它对 Esler 在销售、营销和运营方面运用分析法的说明。尽管 Esler 的业务处于非常早期的阶段，但他仍然坚持开发和使用一些度量指标。他设计了用于收集和分析与生产、销售、定价、产能利用率、效率、现金流、盈利能力及员工绩效相关的数据的系统，持续监控与公司成功相关的因素，并根据实际结果调整战略和策略。

Matt Coffin 的案例描述了一家非常成功的基于互联网的创业公司。该案例追溯了创业者 Matt Coffin 从百森商学院本科毕业之后，在多家创业公司中任职，最终创建了自己的公司 Lowermybills.com 的过程。Matt Coffin 的案例展示了多种因素的相互作用，这些因素包括 Coffin 对创造逻辑的运用，他希望通过帮助人们降低每月的花销来创造社交机会，以及他在网站设计、广告植入及员工激励等方面对分析法的运用。

这两个不同领域的案例给我们的一个重要启示是，分析法的运用可以成为传统实体企业获得成功的关键因素。这些企业不易于收集和分析数据，不像互联网企业那样能产生大量现成的实时数据。

创业轨迹中的预测逻辑

第二门课程是"创业度追踪"（Entrepreneurship Intensity Track）——一门进行体验式学习和运用分析法的选修课，专为打算在毕业后直接创业的研究生开设。要申请学习这门课程，学生们必须有一个完整的商业计划，并且成功通过两个环节的筛选。第一个环节是对创业学教师的采访，第二个环节是做一个陈述——吸引一位有经验的导师，他愿意在整个学期与学生们一起工作。课程的结构是这样的：参与者把大部分时间花在与潜在客户会面、充分挖掘和利用个人的关系网络、找到志同道合的合作伙伴共同创造机会、获得产品原型，以及建立创业团队上。

在创业早期，学生们更有可能运用创造逻辑，这是他们的惯常方式。这门课程的独特之处在于，即使是在创业早期，注重将学生们的注意力集中到运用预测逻辑上也具有重要意义。学生们根据特定业务性质采用复杂程度不同的分析法。一些企业，比如一些互联网企业更乐于接受分析法：网站设计、客户行为分析及与定价相关的对替代产品的反应、产品展示，以及前面提到的合理定价（甚至免费）的分析工具的可用性——这些因素都使学生们更容易理解为什么要在决策中运用分析法。

越来越多的学生也认识到分析法和预测逻辑在更传统的创业环境中的重要性。例如，基于互联网的市场调查工具使创业领导者能够获得有用的数据，以评估和引导关于客户与产品的

第三章
预测逻辑：创业思维分析法

直观假设。当他们想与客户关联起来建立一个强有力的市场准入策略时，对这些数据的分析可以指导他们未来的行动和创造方法。在创建新企业的过程中，他们也可以获得关于供应链参与者和其他关键因素的类似数据。也许最重要的学习方式是通过预设假设、进行允许市场反馈分析的小规模测试以及采取更有效的行动直接看到创造逻辑和预测逻辑的相互作用。

鼓励学生们开发和使用两种独特的分析工具：规划时间表和看板技术。在课程开始的时候，学生们创建了时间表，详细列出了他们在本学期要达到的重要里程碑，从而引导企业的创建。此外，教师还要求所有的学生制作个人仪表板演示文稿，列举他们选择的指标和数据，以提醒他们适时在中途进行修正。数据的获得可能或多或少有些难度，这取决于具体的业务，尽管如此，所有的参与者都意识到必须选择他们需要衡量的指标，决定他们获得数据的方式，并预测他们将如何利用这些数据做出决策并调整其策略。

这些课程和技术代表着一项正在进行的工作。它们提供了一些范例，让学生们了解如何在发展和实施创业思维及行动的过程中有机地结合预测方法和创造方法。

结　论

在这一章中，我们强调了作为预测逻辑的一种模式的分析法的重要性，它是创业领导者创造逻辑的补充。对于这些领导者而言，要建立社交网络以获得资金和专业知识，基于"你认识谁"构建机会，以及选择性地承担风险——所有这些都影响着新创企业的成功。然而，当整个社会变得更加依赖于数据和分析时，创业领导者也需要做同样的事情。事实上，很难想象的是，一个创业领导者一开始并没有分析性取向，最终却能在几个数据密集型行业取得成功。通过预测逻辑课程中的一些例子，我们已经说明了管理教育工作者如何能让创业领导者发展和提升其认知双元思维能力。

参考文献

Bygrave, W. 1999. *Patio Rooms of America*. Babson Park, MA: Babson College Case Collection.

Bygrave, W. 2006. *Matt Coffin*. Babson Park, MA: Babson College Case Collection.

Capozzi, M. M., and J. Simpson. 2009. "Cultivating Innovation: An Interview with the CEO of a Leading Italian Design Firm." *McKinsey Quarterly*, February. http://www.mckinseyquarterly.com/Cultivating_ innovation_an_interview_with_the_CEO_of_a_leading_Italian_ design_firm_2299.

Davenport, T. H. 2009. *Realizing the Potential of Retail Analytics: Plenty of Food for Those with the Appetite*. Babson Park, MA: Babson Working Knowledge Research Center Report.

Gladwell, M. 2010. "The Sure Thing: How Entrepreneurs Really Succeed." *New Yorker*, January 18. http://www.newyorker.com/reporting/2010/

01/18/100118fa_fact_gladwell.

Sarasvathy, S. D. 2001. "Causation and Effectuation: Toward a Theoretical Shift from Economic Inevitability to Entrepreneurial Contingency." *Academy of Management Review* 26 (2): 243-264.

Zuckerman, G. 2010. *The Greatest Trade Ever: The Behind-the-Scenes Story of How John Paulson Defied Wall Street and Made Financial History*. New York: Crown Business.

Part 2

第二篇

一种新的世界观：社会、环境和经济责任与可持续性

第四章
定义社会、环境和经济责任与可持续性

2003年,易贝(eBay)公司营销主管Robert Chatwani和家人前往印度旅游。在参观露天自由市场时,他不断听到当地的手工艺人说他们希望找到能获得更多购物者和更大市场的途径。若有更多的买家,这些手工艺人可以为自己、家人和社区创造更多的机会(Kiser 2010)。Chatwani回家后,尝试在易贝上销售来自印度的工艺品。他买了价值700美元的印度珠宝,并在易贝上以1 200美元的价格售出。有了这次经历之后,Chatwani就去说服易贝当时的首席执行官Meg Whitman、创始人Pierre Omidyar和其他主要决策者,以确保他们支持易贝平台帮助发展中国家的手工艺人找到发达国家的买家。在他们的支持下,Chatwani开始收集数据以了解市场和机会。

Chatwani的重大突破发生在2005年,当时他的一个朋友把他介绍给Priya Haji——Priya Haji是一名社会企业家,创立了一个名为"善的世界"(World of Good)的组织,该组织将符合公平交易和伦理规范的产品引入市场（Kamenetz 2008）。Chatwani 和 Haji 撮合易贝与"善的世界"建立了战略合作伙伴关系，并创立了新的业务实体——WorldofGood.com 公司。他们的激情、娴熟的人际关系技巧和认知双元思维帮助他们创立了当今世界上最大的对社会和环境负责任产品的多卖家市场（Kiser 2010）。

在推动易贝抓住这一新的社会和经济机会的过程中，Chatwani 显然用了一种不同的方法来做决策。利用创造逻辑，他依靠他对自己以及易贝内外部社交网络的理解创造了机会。他还依靠自己对环境和易贝文化的理解对他们所付出的努力表示支持。易贝创始人 Omidyar 在易贝确立了一个原则，即世界各地的人可以通过追寻机会的基本愿望关联起来，而这些机会可以形成一种善的力量（Root 2009）。尽管易贝已使数百万人成为创业者，但它还没有将该模式扩展到发展中国家。创立 WorldofGood.com 只是易贝文化和价值主张的延伸。

通过运用预测逻辑，Chatwani 还利用分析工具来确定如何将易贝的核心业务与手工艺人的需求结合起来，以及如何利用日益增长的消费者市场——这一市场要求个人价值观与其购买决策相一致（Kiser 2010）。正如 Priya Haji 所言，如果公平贸易能让人们摆脱贫困，它就必须与"Joe American"[1] 联系在一起。Joe American 在沃尔玛购物，从未出过国，但他是一个体贴

---

[1] 代指普通的美国人。——译者注

第四章
定义社会、环境和经济责任与可持续性

周到、善良的人,愿意考虑购买不同的商品(Kamenetz 2008)。

Chatwani 对认知双元思维的运用是基于他个人的基本商业原则。该原则源自他对社会、环境和努力获得的经济机会充满激情。这种激情促使他说服易贝的高管给予支持,并为他与 Haji 的合作打开了大门。WorlddofGood.com 的创立源于 Chatwani 和 Haji 的创造力、强烈的社会责任感和同情心,以及他们能够创造出一种能产生深刻社会影响的盈利业务的基本信念。

在这一章,我们开始探讨一种迥然不同的世界观,这是 Chatwani 以及其他的创业领导者努力的方向。这种世界观是基于对社会、环境和经济责任与可持续性(SEERS)的理解及重视。

SEERS 的使命

十年前,各组织都在询问是否应该考虑把社会和环境问题与盈利能力结合起来。今天讨论的问题已经从"是否"转至"如何":一个组织如何同时考虑社会、环境和经济价值创造?埃森哲(Accenture)公司最近的一项研究表明,全球 96% 的首席执行官认为,如果他们的组织想取得成功,就要将可持续发展问题完全融入其战略和运营中(Grayson 2010)。尽管这种观点的转变可能部分缘于世界观的改变,但也受到外部利益相关者(包括政府、媒体、激进组织以及投资者、消费者和

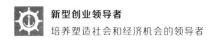

雇员）压力的驱动。

以耐克公司为例，它曾因许多侵犯人权的行为而广受批评。1996年，《生活》(Life)杂志的一篇报道中展示了一个巴基斯坦小男孩正在缝制耐克足球的照片，耐克公司因此遭到了谴责。接下来的一年，耐克公司又被媒体曝光，其越南一家外包工厂的工人在充满有毒气体的环境中工作，而毒气的毒性是法定标准的177倍（Connor 2001）。尽管耐克公司在社会可持续性方面做出了一些努力，但仍因糟糕的工人工作条件而受到批评。然而，在环保方面，耐克公司在2010年《新闻周刊》(Newsweek)的十大绿色公司排名中位列第一，并因其评估和改善供应商的环境影响的项目而得到认可（Newsweek's Green Rankings 2010）。

上述两项评价似乎形成了鲜明的对比。一方面，耐克公司在环境可持续性方面处于领先地位；另一方面，其履行社会责任的管理实践又很落后。这怎么可能呢？这种差异是否可以归因于全球供应商网络管理的复杂性？这是否可以归因于社会、环境和经济价值创造之间存在的紧张关系？不管出于什么原因，耐克公司已经认识到，公众对它的谴责与消费者对社会和环境责任的认知，可能对其品牌形象产生巨大影响，它必须创造性地、负责任地管理其供应链的环境和社会影响。耐克公司已认识到，它必须针对SEERS的各方面采取更加系统和全面的措施。正如耐克公司的经历所显示的那样，零敲碎打的方法可能是一场零和游戏，产生的负面效应和正面效应一样大。

第四章
定义社会、环境和经济责任与可持续性

其他组织也在对类似的压力做出反应,它们改变了外购原材料的方式。根据对 188 名采购专业人士的调查,超过一半的公司有"绿化"供应链的政策,而所有的公司几乎一致认为绿色供应链将继续增长(Allen 2010)。为了确保供应商保持一定的环境和社会标准,全行业的认证项目已经得到实施。例如,玩具行业的符合伦理道德制造认证项目 ICTI Care Process (ICP)是为了确保全世界玩具工厂工人的安全和人性化的工作环境而开发的。工厂与 ICP 合作以获得认证,而买家签署协议承诺只从获得认证的工厂采购原材料。这些项目鼓励创业领导者更广泛地思考他们对供应链的责任。

为了应对当今年轻劳动力文化价值观的变化,各组织也在改变其做法。一项研究表明,在 1979 年至 2001 年出生的千禧一代中,有 61% 的人认为自己有责任改变世界(Cone Millennial Cause Study 2006)。这种责任感转化为这些年轻人想要如何以及在哪里使用其金融和人力资本。例如,在接受调查的千禧一代中,有九成的人表示,他们有可能或很可能从一个品牌转向另一个品牌,如果后一个品牌与一个好的事业有关联的话。10 个千禧一代中有 8 个想在关注社会和环境的公司工作,有 5 个会拒绝为一家不负责任的公司工作(Cone Millennial Cause Study 2006)。

千禧一代的这种态度转变也诠释了 MBA 学生的变化。阿斯彭研究所(Aspen Institute)发现,MBA 学员对找到一份有潜力为社会做出贡献的工作越来越感兴趣(这个比例在 2007

> **新型创业领导者**
> 培养塑造社会和经济机会的领导者

年为26%，在2002年为15%）（Aspen Institute 2008）。如果创业领导者们想要利用千禧一代的智慧和消费能力，他们就应秉持 SEERS 世界观。同样，商学院应当让学生们更充分地做好准备用这种世界观引领组织发展。

为了表示对组织的支持和鼓励 SEERS 世界观，联合国于2000年7月发布《联合国全球契约》，鼓励全球企业采取对社会和环境负责任的政策，并报告其实施情况。作为被首席执行官认可的领导倡议，它力图使企业运营及战略和10项与人权、劳工、环境及反腐败相关的原则保持一致。在管理教育的世界里，这些原则已经转化为负责任的管理教育原则（The Principles for Responsible Management Education，PRME），如下面的专栏所示。

负责任的管理教育原则

作为参与当前和未来管理者发展的高等教育机构，兹宣布我们愿意在我们的机构内遵循下列原则。从与我们的能力和使命更相关的原则开始，我们将向所有利益相关者汇报进展情况，并和其他学术机构交流与这些原则相关的有效实践。

原则1：目标（Purpose）。我们将发展学生的能力，使他们成为未来商业和社会可持续价值的创造者，并为全球经济的包容性和可持续发展而努力。

原则2：价值观（Values）。我们将在学术活动和课程中纳入《联合国全球契约》等国际倡议所描绘的全球社会责任的价值观。

第四章 定义社会、环境和经济责任与可持续性

> 原则3：手段（Method）。我们将创建教育框架，提供相关材料、流程和环境，从而为负责任的领导者提供有效的学习体验。
>
> 原则4：研究（Research）。我们将开展理论和实证研究，以增进我们对企业在创造可持续的社会、环境和经济价值方面的作用、动力及影响的认知。
>
> 原则5：伙伴关系（Partnership）。我们将与商业企业的管理者进行交流，以扩展我们对他们在履行社会和环境责任方面所面临挑战的认知，并共同探索有效的方法来应对这些挑战。
>
> 原则6：对话（Dialogue）。我们将促进和支持教育工作者、学生、企业、政府、消费者、媒体、民间社会组织、其他有关团体及利益相关方，就全球社会责任和可持续性的关键问题展开对话与讨论。
>
> 我们明白，我们自己的组织实践应该作为我们向学生传递价值观和态度的榜样。
>
> 资料来源：负责任的管理教育原则网站，2011年3月21日检索，http://www.unprme.org/the-6-principles/index.php。

负责任的管理教育原则旨在为管理教育工作者提供指导，指导他们制定注重社会和环境责任的课程体系。虽然负责任的管理教育原则帮助我们将这些概念引入管理教育体系中，但SEERS原则还没有被根植到管理课程中。令人惊讶的是，在思考社会和环境责任、可持续发展以及为管理者创造挑战和机遇方面，商学院反应迟缓。虽然全球有近万家商学院，但只有不到350家商学院签署了《联合国负责任的管理教育原则倡议》

（Grayson 2010）。管理教育工作者可能认可 SEERS 原则，却苦于不知道如何在课程和制度中运用这些理念。

以下部分重点介绍我们采用的独特的教学方法，旨在向所有创业领导者灌输树立 SEERS 世界观的重要性。

帮助创业领导者树立 SEERS 世界观

为了树立 SEERS 世界观，创业领导者必须首先理解这种世界观并在决策的过程中加以运用。为了帮助创业领导者发展 SEERS 世界观，我们向他们展示了如何思考 SEERS，以避免在讨论"社会影响"与"环境影响"或"经济影响"时出现错误的二分法。为此，我们探讨了一些阻碍整体观发展的二分法。例如，我们讨论了以下问题：

- 股东和利益相关者之间的区分。
- 商业和社会/社区之间的区分。
- 工业资源和环境资源之间的区分。
- 工业化国家和发展中国家之间的相互依存。

通过这些讨论，创业领导者认识到所有这些类别之间的相互依存关系，以及在应用整体的 SEERS 世界观时避免这种二分法的必要性。

当创业领导者开始以 SEERS 世界观来理解企业和组织时，他们也需要探索如何在其行动和决策中秉持这种世界观。社

第四章
定义社会、环境和经济责任与可持续性

会、环境和经济之间相互依赖、相互影响，即使这些影响实际上尚未被识别、量化或纳入我们的思维和决策之中。为了理解这些影响并秉持 SEERS 世界观采取行动，创业领导者们需要考虑四个要素：目标、多方利益相关者、衡量指标和实施。

目 标

创业领导者采用目标讨论法，即明确地界定和批判性地审视问题、决策或流程的目标，这些讨论的范围足够广泛，包括社会、环境和经济影响。这可能意味着是在询问一种新药的唯一目标是增加公司利润，还是也包含其他目标。如果该药物能在支持健康方面迈出有意义的一步，那么接下来的问题可能就是对谁的健康有所助益。例如艾滋病药物，成本和可获得性一直是争论的焦点，特别是对于那些在贫困乡村的人而言。如果讨论的目标还包括生态影响，那么它很可能就会变成关于药物处置，或者如何降解药物的问题，因为一些药物化合物最终会进入河流和湖泊。如果这种对话是基于社会创业精神的，那么讨论可能就会从新药的目标开始，然后考虑监管的影响、贸易政策、知识产权，以及药物对最需要的人的可用性。从社会创业精神来看，结合社会、环境责任和可持续性考虑经济可行性是同样重要的。这些都是非常复杂的问题，每个人的价值观和学科视角都可能会影响到哪些方面需要强化以及如何强化。在这些关于目标的讨论中，创业领导者开始理解如何同时而非顺次考虑社会、环境和经济问题。

扩展关于目标的讨论，也使创业领导者能够审视财务核算结果而不受其限制。虽然财务可行性和可持续性依然是所有组织决策的核心，但创业领导者也要认识到这只是做决策时考虑的众多因素之一。创业领导者在考虑社会和商业目标时，要仔细审视一个普遍的假设，即股东财富最大化将会使整个社会的价值最大化。如果将短期的经济影响与长期的更广泛的社会、环境和经济影响并列，那些从狭隘的经济角度考虑、技术上站得住脚的行动就可能会受到挑战。专注于目标使创业领导者能够在开发社会和经济机会时考虑不同类型的价值创造方式。

多方利益相关者

考虑目标自然导致考虑多方利益相关者。随着创业领导者对目标的深入理解，他们要考虑多方利益相关者的观点、影响、责任和权利。他们还要思考如何优先考虑不同利益相关者的责任、权利和权力。

在某些情况下，企业战略的成本是由在决策中发言权或权力较小的利益相关者所承担的。例如，贝尔斯登和安然公司倒闭的代价远远超出了公司的范围，可以将这些成本与经济、政治和全球化关联起来进行讨论。考虑多方观点也会促使创业领导者审视 SEERS 世界观如何依据所在组织类型的不同（例如跨国公司、家族企业、非政府组织或非营利组织）而有所变化。

第四章
定义社会、环境和经济责任与可持续性

衡量指标

衡量指标是 SEERS 的第三个核心元素，它考虑了一个讨论议题是否被明确界定并得到批判性的审核，以及那些衡量在议机会的绩效指标中，哪些已被评估，哪些未被评估。是否应用这些指标考察了不同时段（长期、中期和短期）的绩效？它们是否试图衡量所谓的外部性——组织外的行动影响？在一个相互之间的联系日益紧密的世界里，一个组织的外部性可能是另一个组织的直接成本，引发了如何及由谁来承担责任和成本，以及谁应对什么后果负责的问题。因此，创业领导者如何基于会计和财务知识应对 SEERS，衡量指标的作用至关重要。第六章和第七章将对此进行讨论。

实　施

遵循 SEERS 世界观采取行动的最后一个元素是实施。我们是在问如何为一项特殊挑战找到一种可持续的解决办法，还是在简单地问能否做到这一点？通过询问，我们设置了一种情境，在这种情境下，选择要么做要么不做某事。我们是在询问如何激发创造力，并运用认知双元思维。

为了教授这种实施方法，我们可以使用"为价值观赋声"课程中的实施-脚本案例（参见第十一章，了解这种教学方法的详细信息）。通过教授创业领导者相关的内容和技能，使 SEERS 世界观成为一种真诚的选择，我们传递给他们这样的信心，即他们能够找到真正富有创意的、基于 SEERS 的选择，而这在过去被认为是一种零和博弈。

设计课程培养学生的 SEERS 世界观

帮助崭露头角的创业领导者发展 SEERS 世界观的方法有两种。在某些课程里，可以将案例材料编入现有课程，以突出 SEERS 观点与课程内容之间的联系。在下面的专栏中，我们提供了缅因州龙虾产业案例，以说明如何在战略课程中采用这种方法。在其他情况下，围绕 SEERS 世界观来设计整门课程是最合适的。以下部分描述了一个创新的课程。

缅因州龙虾产业案例

缅因州龙虾产业案例是为战略课程设计的一个不同寻常的案例，其中，创业领导者探索了如何整合认知双元思维和 SEERS 世界观以应对复杂的商业问题（Rangan, Hariharan, and Wylie 2010）。这是一个由 A、B 两部分组成的案例。案例 A 回顾了龙虾产业的历史，并确定了主要利益相关者。案例 B 描述了 2006 年至 2009 年缅因州龙虾产业面临的危机：需求少、价格低、成本上涨，导致龙虾捕捞者承受着严重的生存压力。这个案例讨论了龙虾产业面临的可持续性威胁、龙虾捕捞者的生计问题，以及由此引发

第四章
定义社会、环境和经济责任与可持续性

> 的紧张局势,特别是在2009年,这些紧张局势如何升级为捕捞者之间的暴力冲突。
>
> 通过课堂讨论,参与者可以评估利益相关者(龙虾捕捞者和加工者、环保人士以及公共政策制定者)的目标和观点,并批判式地评价利益相关者处理问题的方式或在某些情况下利用产业动荡的方式。衡量指标用于评估对产业利益相关者的环境和经济影响。
>
> 最后,案例讨论要求学生们运用创造逻辑和预测逻辑,将他们的SEERS世界观付诸行动。案例讨论可以对创造积极的社会和环境变革所面临的困难及挑战进行现实的评估。

解决大问题

Gaurab Bhardwaj教授开设了"解决大问题"(Solving Big Problems)课程,帮助学生们界定和解决跨业务及跨社会的"大问题"。Bhardwaj把"大问题"定义为:即使部分被解决,也会改变产业面貌,改变人们的生活方式,改善人们的生活。从战略的角度出发,学生们首先要学会界定大问题,然后制定解决问题的策略。学生们首先着眼于辨别对他们而言重要的事情、他们所热衷的事情,以及他们的技能和能力如何使他们能够解决某些问题。从根本上来说,学生们要发掘他们认为的大问题,并认识到他们是基于其价值观和目标选择大问题的。

新型创业领导者
培养塑造社会和经济机会的领导者

学生们通过更深入地了解他们自己、他们的激情所在和他们周围的世界,来识别和掌控大问题。

正如你所预料的那样,还没有教科书能提供解决大问题的框架。这门创新的课程所使用的材料来自网站、视频、文章和书籍。课程首先定义了大问题的性质,确定其特点,解释它们为什么存在,评估它们为什么还没有得到解决。班级成员研究那些解决了大问题的创业领导者(例如纳尔逊·曼德拉和诺曼·博洛格)和相关组织(如联合国世界粮食计划署)。通过分析这些人士和组织,学生们确定了他们为什么能够解决那些问题以及是如何解决的。同样,学生们也在思考为什么好的解决方案通常不被采纳。

例如,班级成员讨论认为妇女和小孩的主要死亡原因之一是在通风不良的家中从明火中吸入了烟雾,据联合国统计,每年因此而死亡的人数达 190 万。虽然清洁炉灶已经被低成本地开发出来且免费提供,但并未得到广泛采用(Bunting 2010)。一些与采用相关的问题可能包括如何分配炉灶以及采用新技术的文化和体制性障碍。

演讲嘉宾和实地考察为学生们提供了更多关于个人和组织以往如何解决或现在正在解决大问题的示例。随着课程的推进,学生们开始理解并相信,作为创业领导者,他们可以采取行动。突然间,那些大问题似乎并没有那么抽象或者难以解决了。

在整个课程过程中,Bhardwaj 多次回到核心战略和有关

第四章
定义社会、环境和经济责任与可持续性

SEERS 的问题上，批判性地界定和审视正在讨论的问题的目标。他不断地要求学生们思考：我是为谁解决这个问题？他还问学生们该解决方案是如何影响多方利益相关者的：我没有解决谁的问题？解决方案对其他利益相关者有什么影响？我们如何让利益相关者参与解决方案？教导学生们从新的角度审视问题和解决方案——把注意力从自己身上转移到其他利益相关者身上是至关重要的。在学生们考虑解决方案的效果以及不同的衡量指标和成功的定义如何影响其所采取的行动时，也会出现关于衡量指标的类似讨论。

正如课程名称所指出的，该课程的重点在于发现如何成功地实施解决方案。课程作业包括写两篇论文。第一篇论义是回顾性质的，要求学生们思考一个已经解决的大问题。这个任务的目的是让学生们运用战略分析和预测逻辑来学习如何通过分析过去的问题及其解决方案来解决大问题。学生们必须解释问题为什么会存在，评估解决方案，并从解决方案中推导出解决战略问题的原则。学生们选择研究的大问题包括《退伍军人法》（GI Bill）、"曼哈顿计划"（Manhattan Project）、"青霉素的开发""奴隶制度的废除"以及"国际气候协定"等。

第二篇论文是前瞻性思考性质的，要求学生们讨论他们认为当今最重要的问题、该问题为什么重要，以及他们正在帮谁解决问题。根据在课堂上复习的战略原则，学生们被要求制订一个解决方案，具体说明谁需要参与，什么样的技术或产品可以解决这些问题，以及他们需要考虑哪些文化、政治或社会问

题。学生们已确认的一些大问题包括如何减少石油污染，如何解决阿富汗的性别不平等，如何根除发展中国家的疟疾等疾病，如何缓解粮食和水资源短缺。开发解决方案要求学生们运用 SEERS 世界观来指导他们的行动。

通过这门课程，学生们学会了如何运用解决战略问题的方法应对当今社会、环境和经济问题的复杂性。由此，他们提升了自身的认知双元思维能力和基于 SEERS 的世界观。通过这种学习，学生们树立了他们可以有所作为的信心。这些技能对于培养创业领导者创造社会和经济机会，以应对企业和社会共同面临的问题至关重要。

结　论

在 BSR/GlobeScan 的可持续发展调查（2010）中，工人的权利、人权和气候变化被确定为未来一年企业可持续发展最紧迫的优先事项。这些可持续性问题给所有企业带来战略、运营、监管、营销和财务挑战。创业领导者必须意识到这些问题并对影响其核心业务战略的社会、环境、经济和伦理因素做出响应。创业领导者不能仅仅把这些问题看作外部的或很好处理的，而要理解商业和社会从根本上是联系在一起的，社会问题即商业问题。通过给学生们引入 SEERS——一种新的世界观，运用这种世界观评估目标、多方观点、利益相关者的权力和影响力以及绩效指标，并教导他们基于这种世界观采取行动，我

第四章
定义社会、环境和经济责任与可持续性

们可以更好地培养创业领导者,以创造社会和经济机会。

参考文献

Allen, C., ed. 2010. "Green Supply Chain Procurement Study Results." Accessed March 2, 2011, http://www.californiagreensolutions.com/cgi-bin/gt/tpl.h,content=791.

Aspen Institute Center for Business Education. 2008. "Where Will They Lead? MBA Student Attitudes about Business and Society." Accessed March 2, 2011, http://www.aspencbe.org/documents/ExecutiveSummaryMBAStudentAttitudesReport2008.pdf.

BSR/GlobeScan State of Sustainability Poll 2010. 2010. Accessed March 2, 2011, http://www.bsr.org/en/our-insights/report-view/bsr-globescan-state-of-sustainable-business-poll-2010.

Bunting, M. 2010. "How Hillary Clinton's Clean Stoves Will Help African Women." *Guardian.co.uk*, September 21. http://www.guardian.co.uk/commentisfree/cifamerica/2010/sep/21/hillary-clinton-clean-stove-initiative-africa.

Cone Millennial Cause Study. 2006. Accessed April 21, 2011, http://www.coneinc.com/stuff/contentmgr/files/0/b45715685e62ca5c6ceb3e5a09 f25bba/files/2006_cone_millennial_cause_study_white_paper.pdf.

Connor, T. 2001. *Still Waiting for Nike to Do It*. San Francisco: Global Exchange. http://www.globalexchange.org/campaigns/sweatshops/nike/NikeReport.pdf.

Grayson, D. 2010. "Schools Ignore Sustainability Revolution." *Financial*

Times, October 3. http://www.ft.com/cms/s/2/63cf95b0-cd5f-11df-ab20-00144feab49a.html#axzz180pztxny.

Kamenetz, A. 2008. eBay's Fair-Trade MarketPlace. *Fast Company*, October 1. http://www.fastcompany.com/magazine/129/trade-goods.html.

Kiser, C. 2010. "Leadership at eBay: Corporate Social Responsibility through Entrepreneurial Thought and Action." *Babson Insight*. Accessed March 2, 2011, http://execed.babson.edu/thought-leadership/leadership-at-ebay.aspx.

Newsweek's Green Rankings 2010. 2010. Accessed March 2, 2011, http://www.newsweek.com/feature/2010/green-rankings.html.

Rangan, S., S. Hariharan, and D. Wylie. 2010. *Lobster (A) and Lobster (B): The Maine Lobstering Industry in 2006*. Babson Park, MA: Babson College Case Collection.

Root, J. 2009. "Meet Robert Chatwani, Founder of eBay's WorldofGood.com." *Planet Green*, September 3. http://planetgreen.discovery.com/work-connect/robert-chatwani-ebay-worldofgood.html.

第五章
超越绿色：鼓励学生同时创造积极的 SEERS 成果[①]

2010年，英国石油公司（BP）由于对其深水地平线（Deepwater Horizon）石油钻井平台爆炸与石油泄漏事件（Isikoff and Hirsh 2010）没有及时采取快速和全面的应对措施，强化了人们对企业既不关注更没有能力应对重大环境挑战的刻板印象。此外，商学院在开发对社会和环境负责任的课程体系以塑造未来的商业领袖方面也进展缓慢。这些主题可能包含在一两门选修课中，但大多数情况下，跨课程来教授这些主题的方法则很少见。《普林斯顿评论》（*Princeton Review*）直到1997年才开始把报道了多少环境问题作为对商学院进行排名的一个指标（Green Colleges 2010），《新闻周刊》直到2009年才开始进行绿色企业排名（McGinn 2009）。毫无疑问，这是因为除一些知名项目和企业的活动之外，没有什么可报道的。

[①] 本章由 Toni Lester 和 Vikki L. Rodgers 撰写。

> **新型创业领导者**
> 培养塑造社会和经济机会的领导者

这一态势正在迅速变化,以响应新一代具有环境意识的学生日益增长的需求。① 如今,管理学院正在探索如何开发跨学科的课程,在未来的创业领导者面临这些问题时,指导他们如何行动。同样,商界领袖也开始衡量其活动对环境的负面和正面影响程度,领导力会议则将环境问题置于议程的首位。

本章回顾了商业与环境保护主义之间关系的历史背景,并讨论了商学院,特别是我们自己的商学院该如何解决这个问题。我们还考察了激发学生们探索自己对环境影响的课外活动怎样与课程变革相结合。

商业与环境可持续发展的历史背景

四十多年前,当首届地球日庆祝活动在美国举行时,商界的定位常常是直接反对环境问题。罗纳德·里根总统也许是商业和宽松管制的最激进的拥护者,他以指出树木造成的碳排放量大于工业污染从而否认全球变暖的问题而著称。他甚至任命保守的律师 Ann Gorsuch Burford 领导美国环境保护局,并且最大限度地减少了环境法规的执行(Shabecoff 1989)。

在随后的几年中,商界和环保组织之间仍然冲突不断。埃

---

① 例如,《普林斯顿评论》在其年度大学指南(2011 年版)中给出了 703 所大学的"绿色评级"。该指南称,在最近的一项针对 12 000 名大学生和家长的调查中,"64% 的受访者表示,他们认为大学对环境的承诺是有价值的信息"。在这群人中,23% 的人说这样的信息会影响他们申请或就读学校的决定。

第五章
超越绿色：鼓励学生同时创造积极的 SEERS 成果

克森·瓦尔迪兹油轮石油泄漏事故受害者提起的一起著名的诉讼官司就是典型的例子。埃克森石油公司一再拒绝履行其承诺，不对漏油事故的所有受害者进行赔偿，而是经过 20 年的"努力"，将对它的 50 亿美元惩罚性赔偿减少到 5.07 亿美元。当最终的损害赔偿裁决对埃克森石油公司不利时，"已有 6 000 多名索赔者因其没有采取任何补救措施而死亡，并且无数人处于破产的边缘"（Ott 2008）。

尽管如此，将所有以营利为目的的领导行为都归为反环境的则未免太过夸张，因为许多最有力的环保倡导者都来自商界。许多公司都在推动市场方法的采纳。比如目前有二十多年历史的一个计划，允许企业交易污染信用额度，以便其可以"廉价地减少某一个工厂的排放量，同时不减少甚至可能增加另一个工厂的排放量，但整体上会减少美国全国的排放量"（Mieszkowski 2004）。虽然有争议（因为它仍然允许产生有问题的污染），但这个计划已经在美国全国范围内降低了总体污染水平。国际上也采用了类似的方法，使各国能够通过"从其他国家购买碳排放额度来达到减排目标，或者将排放量降到低于商定目标"（Laurance 2007）。

如今，一些企业正与环保人士合作，为环境问题寻求解决方案。例如，绿色和平组织曾采取了引人注目的行动，以吸引人们关注危害环境的企业行为。然而，2004 年，它开始与电子行业合作，使供应链更加环保，清除有毒化学品，应对气候变化，并对电子垃圾负责。"通过进行有毒化学测试、曝光非

> **新型创业领导者**
> 培养塑造社会和经济机会的领导者

法电子垃圾的转移,以及推广绿色替代品,绿色和平组织已经促进苹果、惠普、索尼、诺基亚、飞利浦等公司的环境和健康状况得到改善。"(Herrera 2010)同样,麦当劳在20世纪90年代与环境保护基金会合作,减少其包装对环境的影响(Environmental Defense Fund 1999)。

如今,商学院发生了什么?

环境领导力——创业领导力的有机构成

无论是在课堂内还是在课堂外,商学院都在围绕环境可持续性问题展示领导力。这样做是为了让学生们在成为创业领导者时懂得如何处理这些问题。首先,许多学校已经签署了《美国学院和大学校长的气候承诺》(ACUPCC),这是"一个应对全球气候变化的高度可见的努力,由学院和大学组成的网络承担,已做出制度性承诺,消除由特定校园运营所产生的温室气体净排放,同时推动高等教育的研究和教学工作,使整个社会有能力重新稳定地球气候"(ACUPCC 2011)。百森商学院于2009年加入ACUPCC之后,在一年内将能耗降低了6%。

其次,一些学校通过鼓励学生们为ACUPCC想要解决的各种环境问题制订个人解决方案来展示他们的SEERS观点。例如,我们的本科生可以选择住在一个名为"绿塔"的特殊宿舍里,在那里他们可以和其他有相似价值观的人一起,为如何

第五章
超越绿色:鼓励学生同时创造积极的 SEERS 成果

使校园更加可持续环保贡献想法,并且经过头脑风暴后推出"地球友好"的创业项目。来自"绿塔"的创新之一是自行车共享计划,以帮助减少校园机动车排放。"绿塔"还举办了一场"黑暗宿舍"比赛,鼓励其他学生降低宿舍能耗。

在我们的研究生项目中,一个学生俱乐部举办了美国最大型的绿色科技年会——百森能源与环境会议。该会议向与会者展示了"推动这一领域向前发展的新兴商业战略、创新企业和清洁技术"(Babson Energy 2010)。遵循创造逻辑,俱乐部与"绿塔"的成员一同说服校方安装了风力涡轮机,这有助于减少校园内不可再生能源的使用。

最后,大学可以与创业企业合作,减少自身的碳足迹,并在这个过程中指导学生。"绿色U"就是这样的一家企业,它有一个生态代表项目(Eco-Rep Program),学生代表被选为"环境变化代理人",并被教授"沟通、社会营销和绿色活动计划的实践技能"。该项目鼓励学生代表们选择一个对他们来说很重要的问题,并制订一个行动计划,让他们的同学了解这个问题,最终目的是说服他们以更环保的方式生活(Babson Energy 2010)。自2009年以来,我们一直与"绿色U"合作,这一关系推动学生们追求新的环境和经济机会。希望这些体验能够让学生们准备好跟随 Jim Poss 的足迹(见第一章),把握蕴含在环境问题中的经济机会。

课外活动使学生们有机会成为解决环境问题的一分子,并尝试新的想法。通过围绕 SEERS 的课外体验,学生们能够运用创造逻辑、预测逻辑来探索及追寻社会和环境机会。通过行动体验，他们建立了新的关系并收集了新的数据，提升了创造社会和经济机会的技能。

企业可以采取类似的计划，即允许员工参加会议，与那些热衷于环境问题的人一起工作，并通过行动体验来解决其组织中的环境问题。这种方法反映了 Robert Chatwani 在启动 WorldofGood. com 之前在易贝上进行的行动体验（见第四章）。

环境可持续性项目

商学院正在采取不同的方法来开发涵盖环境和经济责任与可持续性之间关系的课程。有几所院校正在利用不同学科优势甚至不同项目优势开设相关课程。例如，耶鲁大学管理学院和其森林与环境研究学院（University of Wisconsin 2010）合作提供环境管理 MBA／硕士学位。新罕布什尔大学推出了一个新的生态美食双学位，使学生们能够"通过选修一些相关课程，如气候变化科学和政策、海洋科学、可持续工程学、环境社会学以及可持续生活辅修科目等来整合可持续农业、酒店管理和营养学"（Green Honor Roll 2010）。

2011 年秋，百森商学院、奥林工程学院和威斯利学院（Wellesley College）开启了新的创新性合作关系。这个名为"创新、设计、创业、艺术和科学"（IDEAS）的项目将与其他学位项目一起实施。学生们可以选择一套共同的课程，这些课程将强调人文社会科学对环境问题的理解、企业和创业领导者

第五章
超越绿色：鼓励学生同时创造积极的 SEERS 成果

在解决环境问题中的作用，以及对工程和设计实践与流程如何做出贡献的认识（Babson, Wellesley, and Olin Colleges 2009）。入门课程和顶点课程（capstone course）[1] 将帮助学生们整合跨学科、跨校园的项目和议题，以开发新颖而富有洞察力的方法，应对世界主要的环境挑战。

这类项目将不同的、多元化的学生聚集在一起，提供更大范围的各种学习课程，形成对多元观点的理解，并深化未来的创业领导者对解决环境问题复杂性的认识。

塑造商学院课程体系，教授 SEERS 世界观

在百森商学院，教师们正在开发和提供以环境考量为重点的选修课程，包括商业课程，如绿色企业融资和绿色产品营销等，以及一些文科和理科课程，如经济植物学、气候变化、商业和社会、哥斯达黎加的生态旅游及生物多样性和保护政策等。除了这些独立的选修课，教师们还将关于可持续发展的内容整合到核心课程中，鼓励学生们把重点放在百森商学院校长 Leonard Schlesinger 所倡导的"积极成果的同时性"上，这意味着建立符合环境和人类需求的盈利业务（Schlesinger 2010）。

对可持续发展采取跨学科的方法至关重要，以便未来的领

---

[1] 顶点课程是美国高校开设的一种让学生整合、拓展、批判和应用在学科领域的学习中所获得的知识、技能和态度等的课程。顶点课程具有发展学生综合素质以及帮助学生从学校向职场过渡的功能。——译者注

导者认识到与环境可持续性努力相关的多元观点及其作用。为了提供更多关于如何关注 SEERS 的环境组成部分的具体例子，我们开发了一门旨在教授商科学生环境科学核心概念和应用的科学课程。然后，我们提供了关于商业监管和道德风气的商业法课程的一个教学案例的详细信息。下面的课程和案例说明了帮助创业领导者培养 SEERS 世界观所需的跨学科背景分析。

专为商科学生设计的环境可持续性课程

为了成为高效和创新的商业领袖，学生们必须了解并重视当今世界所面临的环境问题。考虑到这一点，我们开设了一门课程，让学生们了解环境问题的科学原因、这些问题对自然生态系统和社会的影响，以及商业在其中所扮演的不可或缺且错综复杂的角色。我们的环境技术课程最初是在 2003 年秋季开发和讲授的，之后每年都进行重大的修订，以确保能够将新技术的最新进展纳入课程之中。

这门课程为 SEERS 教育提供了一种全面的方法。我们的目标是让学生们对未来经济发展的各个方面都需要考虑环境可持续性的原因有一个科学的认识。我们专门设计了这门课程，教导未来的企业领导者认识到环境问题如何影响商业创新，以及如何认识由此产生的创业机会。

课程分为三个模块。第一个模块涵盖了世界能源问题，重点是化石燃料限制、污染副产品及由此造成的气候变化、可再生能源选择和基础设施限制。许多学生对可再生能源的投资或

第五章
超越绿色：鼓励学生同时创造积极的 SEERS 成果

使用形式特别感兴趣，所以我们讨论了专业技术和各种形式的清洁能源的利弊权衡。

在第二个模块中，我们审视了空气、水和固体废弃物污染的具体类型，污染是如何产生的，污染对人类健康和自然生态系统的影响，以及如何利用技术来减轻污染。第三个模块则侧重于探讨有限的资源（如水、土壤、森林和生物多样性）过度开发的问题。

在整个课程中我们都引入了专门的案例，以具体说明企业是如何卷入环境责任问题的。我们要求学生们就相关的经济和伦理问题展开课堂讨论。

这门课程所采用的一个很有效的案例是 Cape Wind 项目——美国第一个离岸风电场。能源管理公司（Energy Management Inc.）最近被批准在南塔基湾（Nantucket Sound）建造 130 个风力涡轮机，以"生产 420 兆瓦的清洁和可再生能源"（eCape Inc. 2010）。尽管许多人认为这个项目是可持续能源倡议的积极方向，但包括保护南塔基湾联盟在内的一些团体反对安装风力涡轮机。反对的环境方面的原因包括噪音污染，对联邦政府保护的鸟类、海豹、鱼类、海龟和哺乳动物的威胁，甚至还增大了石油泄漏事件发生的可能性。除了环境问题，还有潜在的经济损失，比如房产价值下降、旅游业减少、对当地捕鱼业的负面影响、失业以及不断上升的能源成本（Alliance to Protect Nantucket Sound 2010）。

这个案例特别有趣，因为它清楚地揭示了环境问题的复杂性：它不仅显示了对环境与经济的权衡，而且凸显了所有那些标榜自己是"环境友好型"群体的不同利益。

在这门课程中，学生们的任务是思考其个人生活对自然环境的影响。他们必须采用的一种方法是，研究并撰写一篇有关产品影响的论文。该产品是他们在日常生活中经常使用的一个简单的物品，塑料瓶、钢笔、纸张、银器和硅胶腕带等都是过去被挑选出来的一些产品的例子。在做这个练习时，学生们要研究他们选择的产品在生产、使用和分解过程中所涉及的环境影响。许多学生很惊讶地了解到原材料到底是如何获得的，以及各种材料在垃圾填埋场需要多长时间才能分解。这个练习加上课堂讨论，鼓励学生们了解自己行为的全球影响，并考虑替代的选择。

这门课程还有一个为期一学期的结业项目，让学生们有机会成为环境技术领域的虚拟创业者。学生们在小组中工作时，必须发明和设计一种新的环境产品或环境应用，且确信这些产品和应用在科学上、商业上都是可行的。然后，他们必须编写一本产品手册，其中包括产品设计的详细信息，产品所需的技术，可能影响产品生产、使用或报废处置的政府规定，目标受众，营销口号，成本预测，时间表，以及任何可能出现的伦理问题。此外，他们还必须计算新产品的总体环境影响，包括正面影响和负面影响。这个项目的高潮是学生们在一个晚间论坛上展示他们的新产品创意，教师和其他同学评估其独特产品的潜力。

第五章
超越绿色：鼓励学生同时创造积极的 SEERS 成果

这一结业项目使学生们能够看到环境科学、技术应用、道德考量和商业机会如何相互交织，为当前的环境问题提供可行的解决方案。当学生们运用创造逻辑来发展社会和经济机会时，我们也可从中看到教导学生如何思考的效果。

人们通常认为，企业领导者不得不在环境可持续性和利润之间进行非此即彼的选择，但这绝非事实。在当今世界，社会问题即商业问题。在这门课程中，我们强调了《哈佛商业评论》（*Harvard Business Review*）最近所报道的内容，"与环境友好会降低成本，因为企业最终会减少其投入。此外，该过程还可以从更好的产品中获得额外的收入，或者使企业能够创造新的业务"（Nidumolu，Prahalad and Rangaswami 2009）。培养能够理解环境可持续性思维以及创新的必要性和有益性的创业领导者是推动社会未来进步的重要力量，尤其是在经济困难时期。婴儿奶瓶中双酚 A（BPA）的跨学科案例研究也证明了这一点。

婴儿奶瓶中双酚 A（BPA）的跨学科案例研究

这个案例最初是被用在商业法课程中讨论产品责任和伦理问题的。当 2009 年首次推出这个案例时，科学界仍在争论双酚 A 对人类的负面影响，而监管规则（环境）还没有确定。因此，这个案例提供了一个绝佳的机会，教导学生们如何在面对不确定性时培养创业领导力。

双酚 A 使塑料容器既不易碎又耐热（Hopp and Kurfirst

2008）。由于双酚 A 的作用与雌激素相似，因此许多科学家指出，使用由双酚 A 制成的婴儿奶瓶和吸管杯的 3 岁及以下幼儿会面临风险，因为这是儿童荷尔蒙生成的关键年龄阶段（BPA Plastic Baby Bottles 2009）。毫不奇怪，幼儿的父母表达了对双酚 A 的强烈关注，特别是涉及市场上最受欢迎的婴儿奶瓶之一的布朗斯博士瓶时——该奶瓶由手工艺品公司（Handicraft）制造。手工艺品公司的反应是打消消费者的顾虑并降低双酚 A 的风险。在课堂讨论中，我们要求学生们考虑这种商业反应带来的成本与为产品寻找替代材料可能的投资的对比。

尽管父母和独立科学顾问小组对双酚 A 的健康风险表示担忧，但负责调查和管理此类产品的监管机构（美国食品和药物管理局）决定不禁止为上述用途制造双酚 A（BPA Plastic Baby Bottles 2009）。如果没有联邦法律管制全美范围内的奶瓶销售，那些认为自己的孩子因使用双酚 A 奶瓶而遭受健康损害的消费者就必须凭借过失诉讼来获得某种形式的赔偿。

在大多数州，为了赢得一桩过失诉讼，索赔人必须出示以下证明文件：

- 伤害发生。
- 可预见的风险会发生。
- 被告未能防范可造成伤害的风险。

作为生产公司可以反驳这些说法，辩称风险不可预见或已采取合理的措施进行预防。在俄亥俄州，一些为人父母者提出

第五章
超越绿色：鼓励学生同时创造积极的 SEERS 成果

了一项针对手工艺品公司的索赔。他们认为双酚 A 会溶入儿童的饮品中，而手工艺品公司"意识到双酚 A 的风险，但在产品的广告、包装、标签和公开声明中却有意无意地将其产品歪曲为安全的，并打算供婴儿和儿童使用"（BPA Plastic Baby Bottles 2009）。

为了理解围绕这些问题所采取行动的复杂性，学生们利用上述信息准备了一场模拟庭审的辩论，在这场辩论中，他们被要求在类似的诉讼中代表奶瓶卖家或家长。以下是学生团队必须考虑的问题：

- 鉴于有关双酚 A 健康风险的争论，他们能否成功地向法官争辩说，公司在向父母出售奶瓶时有充分的理由预见到这些风险？
- 是否有其他原因导致孩子们患病，比如接触到其他毒素？

如果这些问题的答案是否定的，那么公司很可能会在诉讼中获胜。

模拟庭审为学生们提供了一个有用的分析框架，让他们思考作为未来的创业领导者如何采取干预措施，既能让他们远离法庭，又能满足客户的需求。学生们设想的一些干预措施包括：让公司改用玻璃瓶，并在含双酚 A 的瓶子标签上印上更醒目的警告语。所有这些干预措施都可以在《过失法》中达到"合理预防"的要求，并使公司能够运用 SEERS 世界观。

正如我们所教授的那样，法律是一条底线，而不是一个高要求。因此，我们也鼓励学生们思考创造性的道德解决方案是否也能满足开放式的法律环境。我们给学生们布置了一篇关于伦理学的文章，该文概括了不同哲学家，如约翰·罗尔斯（John Rawls）和伊曼努尔·康德（Immanuel Kant）的观点（Oppenheimer and Mercuro 2005：308-347）。学生们被要求思考如何使用罗尔斯的差异原则——允许对社会富裕人士把持的财物进行再分配以帮助社会中最穷的成员。这样的分析可以帮助学生们思考如何让手工艺品公司将重点从法律底线转移到开发更安全的婴儿奶瓶上，从而有利于（或至少不会有损于）婴儿对奶瓶的使用。我们也关注康德的道德律，这个概念鼓励学生们将自己想象为一个受双酚 A 影响的人。

为了帮助学生们从其他角度把握这一问题，我们鼓励他们询问朋友和家人对双酚 A 风险的认识，特别是了解那些做母亲的人的观点，因为她们既了解这类瓶子的利弊，也了解母乳喂养的优点和缺点。学生们了解到，母亲们会报告各种各样的反应，包括她们更喜欢塑料瓶，因为塑料比玻璃轻，如果和孩子一起外出会更容易携带。在母乳喂养方面，一些在外工作的母亲选择不进行母乳喂养，因为她们觉得太麻烦了，而婴儿奶瓶给了她们更多的自由。此外，在工作时不能进行母乳喂养是一个令人担忧的问题。如此一来，对环境问题的讨论迅速转向了社会问题。

事实上，借用女权主义理论和文化研究，我们介绍了当代活动家如何试图"将母乳喂养作为女性生殖权利和生活的重要

第五章
超越绿色：鼓励学生同时创造积极的 SEERS 成果

组成部分"，以使得"女性进行母乳喂养的决定，不会使她们丧失其本该享有的经济安全或者任何权利或特权"（Labbok, Smith, and Taylor 2008）。通过让学生们与母亲们交谈，我们帮助他们看到了 SEERS 世界观的多维性。

同样重要的是，学生们要以 SEERS 世界观来思考自己的价值观和身份，所以谈话的一部分集中在他们自己的个人偏好上——了解他们是谁，他们的立场是什么。我们要求学生们考虑他们会怎样让自己的孩子吃饱，班里的大多数人都认为自己不会喜欢用含双酚 A 的奶瓶，这就引出了一个问题：他们如何将自己的价值观转化为商业决策。

最后，为了将创造逻辑和行动的重要性联系起来，我们要求学生们针对双酚 A 的担忧开发商业解决方案。因为创业领导力既可以采取新创企业的形式，也可以出现在现有的组织内部（Neyer, Neck, and Meeks 2000），所以我们鼓励学生们设想新的实体或内部组织政策的创新变革，这些变革将涉及案例的法律、文化、伦理和环境等方面。这种方法也反映了 SEERS 世界观，它避免了将经济价值创造置于社会和环境可持续性之上。相反，在考虑采取各种行动方式时，社会和环境的可持续性成为首要的及中心环节。

这个班级开发了多种解决方案。一个团队建议，现有企业改为生产一种新设计的玻璃瓶，瓶子外面覆盖一层塑料薄膜，以降低破碎的风险。另一个团队建议，现有的工作场所需要更强的组织领导力，建立私密的母乳喂养室和婴儿日托服务，使其对新手妈妈更加友好。运用 SEERS 世界观，这些团队在未知和不确定的情况下创造了社会、环境和经济机会。

结　论

环境可持续性是当今商学院的一个关键研究领域。这可以通过多种不同的方法来实现。一个很受欢迎的途径是商学院创建专门的项目，比如 IDEAS 项目，专门研究与 SEERS 相关的主题。此外，具体的核心课程可以专注于对环境的了解和商业应用，我们的环境技术课程就是一个成功的例子。

同样重要的是，学校要表明环境可持续性与所有的研究领域相关。教师可以结合类似于双酚 A 的案例研究做到这一点，它从交叉学科的角度看待一个特定的商业问题，并引导学生们发展批判性的、以行动为导向的思维，从而产生更安全、更健康、更创新和更环保的产品与组织政策。通过教授环境可持续性，商学院可以帮助英国石油和埃克森这样的公司改善其负面印象，并证明可以创造出环境上友好、财务上可行的商业和管理模式，这能让其引以为傲。

此外，虽然本章介绍了如何在大学阶段教授与环境可持续性有关的议题，但这些建议中的大多数也可以转移到管理发展项目中。

首先，最高领导层需要通过与整个组织进行沟通来建立环境管理模型，该关键问题与整体业务绩效直接相关。无论是回

第五章
超越绿色：鼓励学生同时创造积极的 SEERS 成果

收计划、节能建筑、更节能的物流还是新产品设计成果，这些计划都可以帮助企业领导者发现隐藏在未知环境问题中的机会。

其次，环境的可持续性必须融入每个人的工作中。在校园环境中，这意味着学生、教师和行政人员都有机会参加各种各样的项目，以培养对环境问题更深入的认识，并提倡通过以创造为导向的方法来解决这些问题。在其他组织中，这可能意味着所有一线员工和后勤人员，从基层到最高层都参与其中。

再次，类似于在双酚 A 案例中所描述的大学培训，企业培训可以出现在管理发展项目中，鼓励员工参加可持续发展会议或参与到与非政府组织的新伙伴关系中。

最后，环境可持续性责任的履行不应仅局限于某一组织内的某个人或某个团体，而必须根植于整个商业模式中。

参考文献

ACUPCC［American College and University Presidents' Climate Commitment］website. 2011. Accessed March 22, 2011, http://www.presidentsclimatecommitment.org/about/mission-history.

Alliance to Protect Nantucket Sound. 2010. Accessed March 2, 2011, http://www.saveoursound.org.

Babson Energy and Environmental Conference 2010. 2010. Accessed March 2, 2011, http://babsonenergy.com/? page_id = 128.

Babson, Wellesley, and Olin Colleges Launch New Partnership［news release］. August 24, 2009. http://www3.babson.edu/newsroom/releases/

babsonolinwellesleypartnership. cfm.

"BPA Plastic Baby Bottles Banned in Chicago" 2009. AboutLawsuits. com, May 14. http://www.aboutlawsuits.com/bpa-plastic-baby-bottles-banned-in-chicago-3919.

eCape Inc. 2010. "Cape Wind: America's First Offshore Wind Farm on Nantucket Sound." Accessed March 2, 2011, http://capewind.org.

Environmental Defense Fund. 1999. "Better Packaging with McDonald's." Accessed March 2, 2011, http://business.edf.org/casestudies/better-pack aging-mcdonalds.

"Green Colleges." 2010. *Princeton Review*. Accessed March 2, 2011, http://www.princetonreview.com/green.aspx.

"Green Honor Roll." 2010. *Princeton Review*. Accessed March 2, 2011, http://www.princetonreview.com/green-honor-roll.aspx (last viewed on June 1, 2010).

Herrera, T. 2010. "How NGO Partnerships Have Changed over 20 Earth Days." *GreenBiz.com*, April 22. http://www.greenbiz.com/blog/2010/04/22/how-ngo-partnerships-changed-over-20-earth-days? page = 0% 2C1.

Hopp, A. G., and L. S. Kurfirst. 2008. "Plastic Additive Bisphenol-A: Product Liability Class Actions on the Rise." *Client Bulletin*, May 15. http://www.wildman.com/bulletin/05152008.

Isikoff, M., and M. Hirsh. 2010. "Slick Operator: How British Oil Giant BP Used All the Political Muscle Money Can Buy to Fend Off Regulators and Influence Investigations into Corporate Neglect." *Newsweek*, May 7. http://www.newsweek.com/2010/05/07/slick-operator.html.

Labbok, M. H., P. H. Smith, and E. C. Taylor. 2008. "Breastfeeding and

第五章
超越绿色:鼓励学生同时创造积极的 SEERS 成果

Feminism: A Focus on Reproductive Health, Rights and Justice." *International Breast Feeding Journal* 3 (8). http://www.international breastfeedingjournal.com/content/3/1/8.

Laurance, W. F. 2007. "A New Initiative to Use Carbon Trading for Tropical Forest Conservation." *Biotropica* 39 (1): 20-24. http://www.global canopy.org/themedia/NewCarbonTrading.pdf.

McGinn, D. 2009. "The Greenest Big Companies in America." *Newsweek*, September 21. http://www.newsweek.com/2009/09/20/the-greenest-big-companies-in-america.html.

Mieszkowski, K. 2004. "A-pillaging We Will Go." *Salon.com*, June 30. http://www.salon.com/technology/feature/2004/06/30/bush_vs_the_envi ronment/index.html.

Neyer, G. D., H. M. Neck, and M. E. Meeks. 2000. "The Entrepreneurship: Strategic Management Interface." in *Strategic Entrepreneurship: Creating a Mindset*, ed. M. Hitt and R. D. Ireland. Oxford: Blackwell Press.

Nidumolu, R., C. K. Prahalad, and M. R. Rangaswami. 2009. "Why Sustainability Is Now the Key Driver of Innovation." *Harvard Business Review* 87 (9): 56-64. http://hbr.org/2009/09/why-sustainability-is-now-the-key-driver-of-innovation/es.

"Ohio Residents File Class Action Complaint against Makers of Baby Bottles with BPA." 2008. *InsureReinsure.com*, July 29. http://www.insurereinsure.com/BlogHome.aspx?entry=844.

Oppenheimer, M., and N. Mercuro. 2005. "Efficient but Not Equitable: The Problem with Using the Law and Economics Paradigm to Interpret Sexual Harassment in the Workplace." in *Law and Economics: Alternative*

Approaches to Legal and Regulatory Issues, ed. M. Oppenheimer and N. Mercuro. Armonk, NY: M. E. Sharpe.

Ott, R. 2008. *Not One Drop: Betrayal and Courage in the Wake of the Exxon Valdez Oil Spill.* White River Junction, VT: Chelsea Green.

Schlesinger, L. 2010. Presidential strategy document. Accessed March 2, 2011, http://president.babson.edu/strategy.aspx.

Shabecoff, P. 1989. "Reagan and the Environment: To Many, a Stalemate." *New York Times*, January 2. http://www.nytimes.com/1989/01/02/us/reagan-and-environment-to-many-a-stalemate.html.

The Princeton Review Gives 703 Colleges Green Ratings in New 2011 Editions of Its Annual College Guides and Website Profiles of Schools [news release]. August 2, 2010. http://www.princetonreview.com/green/press-release.aspx.

University of Wisconsin School of Business. 2010. "MBA Programs with a Sustainability Focus." Accessed March 2, 2011, http://www.bus.wisc.edu/sustainability/resources/universityprograms.

第六章

可持续发展指标：会计师接受 SEERS 报告的时候到了吗？[①]

20世纪90年代，惠普的经理们认识到，该公司在产品制造过程中使用的焊锡铅是有毒的，因此他们主动发起研发项目，开发无毒、不生锈、不氧化的替代品。2006年，欧盟通过了《有害物质限制指令》。惠普符合该要求，从而赢得了监管机构的好感，并使其在未来的行业监管中获得了话语权，也为惠普的新业务打开了欧洲市场（Nidumolu，Prahalad，Rangaswami 2009）。

下面是另一个真实世界的例子。2004年，好市多（Costo Wholesale）超出华尔街的预期，获利25%，销售额增长14%。不过，市场反应却是好市多的股价下跌了4%，因为分析师关注的是好市多相对于竞争对手沃尔玛支付高工资的战略。好市多给员工支付的工资高，并实现了比沃尔玛较低的员工流动

---

① 本章由 Janice Bell、Virginia Soybel 和 Robert Turner 撰写。

率、较高的每平方英尺销售额和较低的每销售一美元的工资，但华尔街并不喜欢好市多的人力资源战略，也没有因其在社会和经济上负责任的给付员工薪酬的方式而给予其肯定（Holmes and Zellner 2004）。

在第四章和第五章中，我们介绍了 SEERS 以及培养具有独特世界观的创业领导者的重要性，这种世界观将社会、环境和经济责任与可持续性联系在一起。这些章节聚焦于 SEERS 世界观的社会和环境方面，但本章和下一章将重点讨论 SEERS 世界观的经济方面以及将社会、环境数据与表征经济绩效的财务数据相结合的必要性。

本章开头的两个现实案例突出了组织和创业领导者以一种整合社会、环境和经济价值创造的方式进行管理的复杂性。那两家公司都自发自愿地开展了社会和环境活动，为什么人们对它们值得赞扬的努力有不同的反应呢？社会和环境的可持续性可能会带来经济的可持续性，但正如好市多的例子所说明的那样，社会和环境效益与成本节约、更强的盈利能力或有利的股市反应之间并没有直接的关联。创业领导者需要了解 SEERS 三项原则之间的紧张关系和协同效应。此外，他们还需要了解如何进行内部和外部会计实践以支持其 SEERS 观点。

本章探讨了引入会计方法和报告以发展全面的 SEERS 观点的议题。我们讨论了会计准则对发展 SEERS 世界观的重要性，并探讨了开发这些准则的挑战和机遇。然后，我们介绍了一些独特的方法，使未来的创业领导者学会运用会计准则来支

第六章
可持续发展指标：会计师接受 SEERS 报告的时候到了吗？

持 SEERS 世界观。

对 SEERS 信息的需求

利益相关者的需求（外部用户）

许多人作为消费者、雇员、投资者、社区倡导者或选民，要求组织关注与惠普及好市多类似的社会和环境问题。这些利益相关者欢迎那些具有社会和环境责任的组织深入他们的社区，购买这些组织的产品，并为这些组织工作或投资于它们。他们还希望这些组织在经济上可行。因此，这些利益相关者必须依靠来自年度报告、评级机构、新闻、杂志文章、网站、博客和企业社会报告的信息获取关于组织 SEERS 表现的信息。例如，强生公司自 1993 年开始根据客户、员工、社区和股东的信息披露要求，自愿报告公司可持续发展成果（Borkowski, Welsh, and Wentzel, 2010）。

组织的需求（内部用户）

大多数组织都有关注经济绩效的悠久历史；然而，对许多组织来说，关注更广泛的可持续发展问题仍处于起步阶段。管理会计师协会指出，"虽然一些组织……处于领先地位，但许多组织要么忽视问题，要么尚未开始，要么试图弄清楚该做什么、怎么做，以及如何以一种增加价值的方式采取行动"（Institute of Management 2008）。

为了将社会和环境因素纳入有关国际扩张、产品和工艺设计、营销渠道和投资的组织决策中，相关的社会和环境指标是必需的。组织必须系统地收集并能轻松获取这些指标，以便在内部决策时将这些指标与传统经济信息结合起来考虑。

索迪斯（Sodexo）是一家食品服务和设施管理行业的跨国公司，致力于将社会和环境议题嵌入产品供应、材料采购和物流等内部决策中。虽然索迪斯花费了近两年的时间开发与可持续性最佳实践相关的指标并培训运营人员，但它尚未开发出一个定期报告可持续发展数据以便为决策提供信息的系统，也没有将可持续性指标与正式的激励机制关联起来。可以肯定的是，尽管取得了实质性的进展，但索迪斯尚未将可持续性议题深深地嵌入决策过程中，其决策仍然主要基于经济考量（Bell，Erzurumlu，and Fowler，forthcoming）。

SEERS 报告的要求

为了表达对社会和环境问题的重视及承诺，许多公司发布了独立报告，这些报告被统称为企业社会责任报告。现在澳大利亚、加拿大、南非、英国和欧洲部分地区都需要企业社会责任报告。虽然在美国并不需要，但企业社会责任报告还是得到了更广泛的认可，并由许多总部位于美国的跨国组织发布。

企业社会责任报告旨在提供有关企业环境、社会和经济绩

第六章
可持续发展指标：会计师接受 SEERS 报告的时候到了吗？

效的信息，以及改善这三方面绩效的举措。由于提供企业社会责任报告的要求是在北美以外的地区，因此这些地区公司的报告往往比加拿大和美国公司的更全面。报告内容包括可持续发展目标（以及针对这些目标的绩效衡量指标）、利益相关者讨论，以及确定重要性和予以保证的过程（Craib and Pricewaterhouse Coopers 2010）。

社会和环境影响的衡量指标及语言描述可以在不同的来源中找到，包括文章、新闻、博客、企业网站、企业社会责任专题报告，以及非政府组织的排名和评级。由于这些描述和指标在传统的财务报告中难以找到或并不全面，因此那些倾向于考虑社会和环境绩效以及财务表现的外部利益相关者必须搜索多个来源以获取和分析相关信息。

例如，如果投资者对埃克森美孚石油公司给否认气候变化的组织捐款感兴趣，他们可以在报纸、网站和博客上找到这些信息（Piltz 2007）；有关埃克森美孚石油公司未能披露的提供多元化清洁能源战略的信息可以在期刊文章中找到（Haldis 2009）；而有关全球环保支出、温室气体排放以及改善所在社区的努力的信息均反映在公司的企业公民报告中。这些信息与财务报表和相关的附注披露结合起来，会给决策者造成沉重的信息处理负担，可能会阻碍他们做出明智的决策。因此，虽然许多人可能想要培养 SEERS 世界观，但他们往往没有可用或可靠的信息来分析可持续性决策。

即使我们考虑关注环境和社会问题的非营利组织，也很难评估它们的贡献，因为缺乏一致的成果衡量指标。如果出现了基于 SEERS 的决策世界观，用户必须从一份报告中找到确定的、获得认可的指标和数据来支持他们的努力（Eccles and Krzus 2010）。获得公认的衡量指标也使创业领导者能够更系统地指导内部组织采用 SEERS 方法，并向外部利益相关者阐明这种方法的优势。

自愿报告企业社会责任

研究表明，组织自愿向外部利益相关者提供关于其社会和环境绩效的信息，并试图在内部运营中使用这些信息主要基于伦理和经济两个方面的考虑（Borkowski, Welsh, Wentzel 2010）。

一些领导者强烈地感到，他们在运营企业时，承担社会和环境责任是一种道德责任。很简单，这样做是正确的。他们认为应当赋予外部利益相关者一定的透明度，并与其分享有关行动和成果的信息。其他组织认为，关注社会和环境议题将导致更好的组织声誉，最终将带来更高的股东价值。这些组织希望提高销售额，降低成本，减少负面活动的风险，降低资本成本，具有更好的股市表现。这些组织的领导者认为，自愿的可持续性披露为投资者做出投资决策提供了有用的信息。提供报告的经济原因获得了研究支持，在认为利益相关者比股东更重要的国家观察到更显著的结果（Dhaliwal, Radhakrishnan, and Tsang 2010）。

第六章
可持续发展指标:会计师接受 SEERS 报告的时候到了吗?

自愿提供的 SEERS 数据的五个问题

缺乏公认的指标。尽管有一个自愿的、被广泛应用的企业可持续性框架——全球报告倡议(2006),但与现有企业举措相结合、跨越行业背景并包含特定企业领先指标的社会和环境指标却不存在(Searcy 2009)。作为标准指标的替代,组织提供多种指标或简单地对社会和环境活动进行语言描述,往往令人困惑且难以理解。在一个组织中,当受到外部因素的影响时,报告的衡量指标可能会随着时间的推移而发生变化。例如,尽管强生公司认为某些新的指标对其运营并不重要,但也开始将它们纳入报告中,因为这些指标要么被竞争对手报告,要么被道琼斯可持续发展指数要求予以报告(Borkowski, Welsh, and Wentzel 2010)。

缺乏定期收集和验证数据的系统。虽然许多报告遵循了全球报告倡议的指导方针,但构成这些报告基础的数据通常是在与企业可持续发展绩效系统的效益不挂钩的情况下随意收集的(Bell, Erzurumlu, and Fowler, forthcoming; Borkowski, Welsh, and Wentzel 2010; Searcy 2009)。进一步的研究表明,企业社会责任报告包含了企业形象推广信息,利益相关者的参与度较低,缺乏系统的和有效的数据收集流程(Adams 2002, 2008)。最重要的是,许多报告未能对所报告的数据做出独立保证(Mock, Strohm, and Swartz 2007)。如果无法确保这些报告的可信度,它们就只不过是企业的营销手段而已,本质上是一种

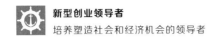

"漂绿"① 行为。

缺乏对非政府组织和非营利组织经济可持续性的关注。 虽然非政府组织和非营利组织的可持续发展报告可能包括经济绩效数据,但与许多用户的想法相反,这些报告并不关注该实体在将来是否仍存在。相反,经济绩效数据的焦点是组织对特定群体或整个社会的经济影响。这种差异对那些依靠非政府组织和非营利组织继续提供服务的人来说是最重要的。企业可以肩负重要的使命并表现良好,但若缺乏适当的商业模式则无法继续生存下去。

例如,Seedco 社区儿童保育援助项目。该项目始于 2000 年,2004 年终止(Seedco Policy Center 2007)。Seedco 是一个全国性的非营利组织,其在官方网站上概述了自身对社会特定群体的使命和经济影响。Seedco 社区儿童保育援助项目旨在为参加福利项目的工作人员提供托儿服务。尽管该项目对参与者及其雇主产生了积极的经济影响,但其本身入不敷出,遭遇了严重的经济失败。

要持续提供社会或环境福利,非政府组织或非营利组织必须在经济上可行。这就是 SEERS 基于社会、环境和经济责任与可持续发展的原因:如果组织要生存并发展,三个组成部分必须相互关联。

---

① EthicalShopping.com、Inhabitat.com 和 TreeHugger.com 等网站列出了其认为"漂绿"了的企业、产品和声明。

第六章
可持续发展指标：会计师接受 SEERS 报告的时候到了吗？

缺乏与决策程序和绩效管理系统的整合。SEERS 报告和领导力在组织内部不是很明确，部分原因在于，可持续性指标要么不存在，要么当它们确实存在时，又很复杂，难以把握，经常受到怀疑。秉持 SEERS 世界观的创业领导者经常发现，企业公民的可持续性指标和语言描述并不包含在绩效评估与管理系统中。因此，员工在日常决策中很少使用可持续发展信息。

想想福乐阁（Flugger Group）——斯堪的纳维亚主要的涂料和家居装饰制造商及销售商之一。20 世纪 90 年代，尽管该公司管理层认为公司正在认真对待环境问题，但其将有机溶剂泄漏到索兰河中被媒体指责为不负责任的行为。作为回应，公司管理层决定将质量绩效管理系统扩展到环境的外部维度。结果，该公司的不良环境事件从 1995 年到 1999 年间的 628 个降至 2000 年到 2004 年间的 0 个（Sebhatu 2008）。

缺乏与正式激励机制的整合。由于大多数组织和个人都是基于"你得到你所评估的东西"和"你无法控制你没有评估的东西"的原则来运作的，因此，如果创业领导者要建立专注于 SEERS 的组织，那么可持续性指标和目标必须是可行的、明确具体的、可以被跟踪的、可以被评估的。在组织层面及组织其他层面上的指标，必须在可持续性的基础上开发，并用于对责任方的评估和评价，且与其激励机制挂钩。如果没有既定的指标，就很难使组织内的各个分公司、部门和个人聚焦于相应的责任及可持续性。

专职会计师在 SEERS 中的作用

传统上,社会(投资者、债权人、工会、政府机构和其他利益相关者)依靠外部会计报告来提供有关营利性组织给予投资者和贷款方的回报以及他们管理委托资产方面的财务信息。外部财务报表被认为是金融市场存在的关键,因为它们有助于确保资本流向最有效率和最有成效的企业(Financial Accounting Standards Beard 2010;International Financial Reporting Stardards 2010)。通过运营追寻社会使命的非营利组织和非政府组织也依靠传统的财务报表向利益相关者履行其信托责任。

随着企业问责制的推进,许多外部组织要求将可持续性数据纳入一份报告中,最好是在年度报告中包含经审计的财务报表(Eccles and Krzus 2010)。一些组织已经开始尝试"全成本核算"和"三重底线报告"。

当可持续性数据被纳入会计文件时,如果数据与外部审计人员在审计过程中获得的信息相冲突,外部审计人员就要对他们的评价负责。聘用外部审计人员是假定其可以为可持续性数据及其收集提供一定的可信度,尽管外聘的审计人员通常并不具备这样做的技术专长。

作为对可持续发展的回应,一些外部团体正在制定标准和认证方法(例如能源和环境设计方面的领导力、有机食品标准,以及道琼斯可持续发展指数),这些标准和方法被应用于

第六章
可持续发展指标：会计师接受 SEERS 报告的时候到了吗？

行业内部或跨行业的企业中。遗憾的是，针对这些指标的验证通常仅限于对数据收集方法的审查，并没有扩展到所报告的具体指标的内容。运用"三重底线报告"显然存在很多的挑战和不一致之处。

为什么会计界不愿采取 SEERS 方法？

会计职业概念框架将决策有用性确定为会计信息的中心标准。为了实现决策有用性，数据必须是相关的（提供及时的预测或反馈值）和可靠的（意味着信息可以被验证，忠实表达其声称要衡量的内容，并且是中立的）（Financial Accounting Standards Board 2010；International Financial Reporting Standards 2010）。

要想让职业会计师采用 SEERS 衡量指标，数据就必须同时具有相关性和可靠性；然而，由于没有关于 SEERS 指标的协议，数据的相关性是值得怀疑的。此外，由于组织提供的数据常常是可疑的，因此其可靠性也值得怀疑。

对于会计师来说，要将 SEERS 和可持续性指标纳入分析及报告的可预测模型中，就必须解决许多行业范围内的议题。首先，会计行业必须制定合适的标准来支持从业者对 SEERS 数据的评估。从业者需要这些标准来确保数据是可测量的、完整的，并且是没有偏见的。其次，或许也更为重要的是，会计师和创业领导者必须了解 SEERS 及其相关的财务与非财务议题。他们还必须了解如何利用这些数据编制一份基于事实的、可信的 SEERS 报告。有了这些知识，创业领导者将在创建支持 SEERS 的可持续发展报告上起引领作用。

在美国以外，一些会计专业人士正在研究如何将可持续性指标与现有的财务数据结合起来，以改善报告。为系统地收集和报告可持续性指标，以及确保其可靠性并编制解释可持续性如何与组织的战略和目标相关联的外部报告，一些改进已经做出，以确立无偏的方法。在其他情况下，可持续性绩效指标已包含在组织的内部绩效管理系统中，能够在特定的任务和职责中得到落实并可被追踪。

为了帮助应对外部报告的挑战，2010 年 12 月，国际会计准则委员会发布了一份非约束性实践声明，允许管理层就其财务报表提供历史的和前瞻性的评论，从而增加了背景信息。实践声明并不排除在评论中报告非财务指标（如可持续性和环境数据），但要求管理层声明遵循国际财务报告准则概念框架（IFRS 2010）。

尽管会计界在考虑可持续性方面可能取得了一些进展，但进展并不快。作为教育工作者，我们关注的是如何利用我们目前对会计实践的理解培养创业领导者——他们正在考虑复杂的会计问题，并利用他们的知识找到行之有效的解决方案，提供相关和可靠的数据。如果我们能够培养出具有这种世界观的会计师和创业领导者，作为处于优势地位的信息提供者，这些人将能够更好地领导他们的组织来定义、衡量和评估 SEERS 的努力。

第六章
可持续发展指标：会计师接受 SEERS 报告的时候到了吗？

开发支持 SEERS 的会计课程

在本科生和研究生课程中，我们围绕两个重要议题开发会计课程，使学生们能够在会计实践和基于 SEERS 的决策制定之间建立联系。

首先，在讨论传统的管理和财务会计议题时，我们将重点放在向内部、外部决策者报告管理自由裁量权的含义上。学生们全面了解公认会计准则（GAAP）在外部报告中的局限性以及传统管理会计指标在内部报告中的局限性。其次，我们在很大程度上依赖于与其他学科的整合，从而为广泛思考内部和外部会计数据的含义以及如何将其用于决策提供了丰富的背景资料。我们继续开发新的课程材料来支持这些议题，并反映不断变化的条件和实践。

管理自由裁量权在报告中的含义

财务会计。在财务会计入门课程中，教师侧重于帮助学生们学会运用 GAAP 编制财务报表。而我们涵盖了基本概念——例如，权责发生制和财务报表框架；会计方法的原理，如库存成本流动假设；传统比率分析技术——我们也讨论盈余管理，包括它对财务报表的影响及其在管理激励结构中的根源。我们用当前事件来突出这些财务报告结果。例如，最近我们讨论了英国石油公司的漏油事故，作为按 GAAP 的要求评估其成本和相关责任以及附注披露的局限性的一个例证。

在研究生财务会计入门课程中，我们从收入确认、应收账款和经营租赁等各个主题来广泛讨论盈余管理。每年我们都会更新课程材料，使用最新的年度报告，并要求学生们分析报表附注。通过这种亲身实践的方式，学生们可以看到报告了的信息，同样重要的是，也可以看到没有报告的信息。这些关于会计实践的讨论能够让学生们了解通常隐藏在财务报表背后的真相。

创业领导者必须首先了解当前会计实践的挑战和局限性，然后才能设想出更全面的方法来支持SEERS世界观。这必然会引发关于会计实践影响社会、环境和经济价值的优先次序的讨论，以及这些实践如何以不同的方式来承担对商业和社会的责任。

学生们学会从多方利益相关者的角度看待事件，并围绕财务数据对社会和环境利益相关者的有用性及局限性形成一种良好的认识。这个案例讨论让许多课程参与者大开眼界，他们认识到更全面的会计实践必须将社会、环境和经济价值考虑在内。

管理会计。我们的管理会计入门课程通常在社会和环境责任的背景下开发战略成本分析工具。我们在本科生课程中使用的一个创新性场景解决了管理人员在工作成本案例中做出权衡的问题：一个项目经理给下属一个错误的指示，让他为一个视频游戏编写代码，致使项目成本实质上超出预算。

第六章
可持续发展指标：会计师接受 SEERS 报告的时候到了吗？

学生们计算工作的成本，将上面所说的下属依据错误指令完成的工作视作直接获得劳动收入的工作。然后，我们讨论哪些利益相关者可能会受到此会计决策的影响，并探讨其对不同群体的含义。大多数学生认为，浪费的时间应该作为损失一笔勾销，或者并入管理费用（质量控制的失败），但是他们必须解决如何说服项目经理的问题，否则他们需要考虑用怎样的替代方法来解决问题。这一讨论强调了管理部门关于浪费的时间分配的会计决策对后续决策至关重要。

我们发现，教授创业领导者建立一个可以扩展到财务之外的会计框架，包括环境和社会可持续发展指标时，平衡计分卡很有用。在介绍平衡计分卡时，我们主要关注其行为影响和会计实践。我们考虑如何用绩效评估体系来鼓励符合伦理和社会责任的行为。我们还要创业领导者考虑如何用平衡计分卡来制定更全面的衡量社会、环境和经济效果的绩效指标。这一讨论有助于学生们认识到将会计计量运用于直接行为的重要性，并使他们有可能采用会计方法使自己及其组织聚焦于 SEERS。

跨学科整合

在所有的项目中，我们都是在非常丰富的整合课程体系下教授"财务会计导论"这门课的。对于新生来说，有一个为期一年的课程，即"管理和创业基础"（见第一章），在课程中，学生团队创办和经营一家企业。我们的"财务会计导论"课程与这一经历相关联，特别是在历史比率分析和构建预计财务报表方面。

在研究生课程中，我们将"财务会计导论"课程与财务和战略关联起来；通过构建预计财务报表和预测现金流量，与财务关联起来；通过一门介绍行业特点和战略选择的财务基本概念的联合课程，与战略关联起来。学生们必须在严谨的预测逻辑情境中使用会计信息，以考量其在评估经济可持续性方面的价值以及其在评估环境和社会责任方面的局限性。

伦理是在财务会计课程中反复出现的主题，在盈余管理的讨论中，特别是在以会计欺诈为重点的与法律界的联席会议上，伦理问题被反复提及；最近这涉及有关 WorldCom 案例的分析。

我们讨论了《萨班斯-奥克斯利法案》的立法，以及它要求首席执行官和首席财务官证明公司财务报告的准确性时所面临的挑战。我们特别关注管理者在强化组织的内部控制和报告实践方面，如何能够将一个顾及多个利益相关者的伦理框架纳入其中。

管理会计课程也整合了伦理问题，讨论在绩效评估和成本分配中会计信息的应用。这里要再次提及会计的自由裁量性：我们讨论了企业社会责任报告，以及它对制定社会和环境报告的标准做法所提出的挑战。我们用案例讨论的形式鼓励学生们考虑如何应对这个挑战，并开展支持 SEERS 的实践活动和创建相应的指标。

我们的管理会计课程还直接与运营管理和组织行为学等一

第六章
可持续发展指标：会计师接受 SEERS 报告的时候到了吗？

些核心课程相关联。例如，在本科生课程中，我们定制了一个产品设计练习，包括环境和经济的权衡，由会计和运营管理教师共同授课。在小型团队中工作时，学生们将被赋予特定角色，要求设计符合以下标准的有效载荷着陆器：

- 能够成功着陆。
- 是有艺术感的、易叠起堆放的和绿色环保的。
- 能够产生利润。

每个团队的一名成员被分配一个任务，专注于使用可重复利用、可回收的零部件，并获得产品在能源环境方面的领导力认证。其他团队成员的任务是关注客户的需求和产品设计的创造性，或者预算管理和盈利能力。学生们要了解环境与经济价值之间潜在的不相容性和紧张关系。他们必须共同努力，整合来自多个学科的概念，形成综合的经济和环境解决方案。

挖掘新材料以发展 SEERS 会计实践

在教授创业领导者以会计实践支持 SEERS 时，我们也强调必须推广企业可持续性报告以支持这一整合。

例如，在对美国地毯制造业进行行业分析时，我们重点关注了社会、环境和经济问题。在此分析中，我们重点介绍了英特飞（Interface）公司，该公司自 1997 年起就明确了其到 2020 年的生态可持续发展目标。英特飞公司的网站包括多个环境指标（如垃圾填埋场废物量、能源使用、温室气体排放量和取水量），但其 10-K 表仅报告了传统的财务指标。我们用财务报表分析来评估英特飞公司战略选择的财务影响，并且讨论了如何将环境可持续性指标与财务指标结合起来，以更好地把握公司所处的位置。通过这些讨论，创业领导者体会到发展综合的 SEERS 世界观的内在价值。依据这种观点，他们测评了企业战略选择的财务后果，将社会和环境的可持续性及责任作为战略目标的组成部分。

英特飞公司的这个例子突出说明了我们如何将学生们的注意力集中于将环境报告融入经济报告之中。此外，我们强调经济可持续性对社会和环境可持续性的重要性。即使是非营利组织和非政府组织，如果在经济上不可行，也无法履行其战略使命。这两类组织的管理者也要依靠会计报告获取信息，从而做出长期的战略决策和日常的经营决策。

从经济的角度来看，创业领导者必须了解一个组织的商业模式，以及它如何产生利润和现金。我们训练学生们预测财务信息，以评估一个实体是否有能力在经济上存活下来。也就是说，它能否为股权持有者提供必要的回报，同时保持足够的现金流以继续经营和增长。

目前教育崭露头角的创业领导者将会计实践与 SEERS 世界观关联起来的挑战源于缺乏可用的材料来支持这种教育方法。我们不得不开发自己的教材，以说明营利性组织和个人如何运用 SEERS 世界观。

其中一个案例集中在索迪斯公司可持续发展的战略部署

第六章
可持续发展指标：会计师接受 SEERS 报告的时候到了吗？

上。从讨论索迪斯公司可持续发展努力的历史和驱动因素开始，案例重点讨论了有时会破坏可持续发展努力的管理和结构性缺口、以营利为目的的供应链管理战略与可持续发展集团战略之间的冲突，以及在开发和追踪可持续性指标并将其嵌入组织的绩效管理方面所面临的挑战。本案例系列使学生们能够向正在运用 SEERS 世界观的组织学习，并探索将社会、环境和经济措施结合起来的新兴会计实践。

由于未来的创业领导者要考虑如何将会计实践与支持 SEERS 关联起来，因此他们需要探索如何应对供应链各个组成部分日益增加的复杂性。我们在另一个案例——东方轮胎公司——中发现了这个机会，该公司的创立主要是由于福特汽车公司将轮胎生产分离出来以及从中国制造商那里购买的轮胎出现了灾难性故障。运用东方轮胎公司的案例，我们探讨了一个焦点组织对价值链各个成员行为的责任及其处理事件的方法。

结　论

在世界各地的管理项目中，学生们越来越关注社会和环境的可持续性议题。他们经常根据阿斯彭研究所的排名或《商业周刊》最近关于管理课程可持续性的报告，决定参加一个特定的项目。我们已经确定了一些关键因素，这些因素是管理项目和商业组织在培养具有 SEERS 世界观的创业型管理者时必须考虑的。

首先，整个课程体系必须以跨学科的方法教授可持续性议题，以便学生们理解组织的各个方面是如何支持他们开发和运用这一新的商业世界观的能力的。很多管理项目在伦理教学方面都没有获得成功，因为它们以各自为政的方式展开教学，或者仅仅归于组织行为学教师努力的范畴。我们怀疑，如果采取同样的方式，创业领导者SEERS世界观的发展也会失败。

为了全面接受SEERS世界观，学生们必须掌握决策的战略意义，以及基于认知双元思维的具体实施方法。通过整合的教学方法，管理专业的学生可以提出并回答同探索社会、环境和经济责任与可持续性的协同作用及紧张关系相关联的具有挑战性的一些问题。

其次，我们必须向学生们介绍客观概念的主观要素，以便他们对SEERS有更详细的了解。当我们引入会计方法和会计原则时，学生们必须了解管理决策是如何影响内部和外部财务报表的结果的。他们还必须了解会计数据在获得可持续性发展方面的局限性。有了这样的理解，创业领导者就做好了准备，他们将创造新的、可靠的和相关的会计实践方法来支持SEERS。凭借这些知识，这些领导者将能够采用不同的方法进行决策，并运用完全不同的世界观。

参考文献

Adams, C. 2002. "Internal Organizational Factors Influencing Corporate Social and Ethical Reporting: Beyond Current Theorizing." *Accounting, Audi-*

第六章
可持续发展指标:会计师接受 SEERS 报告的时候到了吗?

ting, and Accountability 15 (2): 223-250.

Adams, C. 2008. "A Commentary On: Corporate Social Responsibility Reporting and Reputation Risk Management." *Accounting, Auditing, and Accountability* 21 (3): 365-370.

Bell, J., S. Erzurumlu, and H. Fowler. Forthcoming. *Sodexo: Establishing a Sustainable Supply Chain.* Working paper.

Borkowski, S., M. J. Welsh, and K. Wentzel. 2010. "Johnson & Johnson: A Model for Sustainability Reporting." *Strategic Finance*, September, 28-37. http://www.imanet.org/PDFs/Public/SF/2010_09/09_2010_bor kowski.pdf.

Craib and PricewaterhouseCoopers. 2010. *CSR Trends 2010: Stacking up the Results.* Toronto: Craib Design and Communications. http://www.pwc.com/ca/en/sustainability/publications/csr-trends-2010-09.pdf.

Dhaliwal, D., S. Radhakrishnan, and A. Tsang. 2010. *Nonfinancial Disclosure and Analyst Forecast Accuracy: International Evidence on Corporate Social Responsibility Disclosure.* Working paper, Singapore Management University. http://papers.ssrn.com/sol3/papers.cfm? abstract_id:1596458.

Eccles, R. G., and M. P. Krzus. 2010. *One Report: Integrated Reporting for a Sustainable Strategy*, Hoboken, NJ: John Wiley and Sons.

Financial Accounting Standards Board. 2010. *Conceptual Framework: Statement of Financial Accounting Concepts No. 8.* September. http://www.fasb.org/cs/BlobServer? blobcol = urldata& blobtable = MungoBlobs& blobkey = id&blobwhere=1175821997186&blobheader=application/pdf.

Global Reporting Initiative. 2006. *Sustainability Reporting Guidelines: Version 3. 0.* http://www.globalreporting.org/NR/rdonlyres/ED9E9B36-AB54-4DE1-

BFF2-5F735235CA44/0/G3_GuidelinesENU.pdf.

Haldis, P. 2009. "ExxonMobil, Chevron, GM among Companies on Climate Watch List." *Global Refining and Fuels Report* 13 (4): 9. http://business.highbeam.com/61528/article-1G1-194532830/exxonmobil-chevron-gm-among-companies-climate-watch.

Holmes, S., and W. Zellner. 2004. "The Costco Way." *Businessweek*, April 12. http://www.businessweek.com/magazine/content/04_15/b3878084_mz021.htm.

IFRS Foundation. 2010. "IASB Publishes IFRS Practice Statement on Management Commentary." December 8. http://www.ifrs.org/News/Press+Releases/Management+Commentary+Practice+Statement.htm.

Institute of Management. 2008. *The Evolution of Accountability—Sustainability Reporting for Accountants*. Montvale, NJ: IMA. http://www.nick shepherd.ca/pdf/SMA_Sustainability_063008.pdf.

International Financial Reporting Standards. 2010. *Conceptual Framework for Financial Reporting: Project Summary and Feedback Statement*. September. http://www.ifrs.org/NR/rdonlyres/6A6ABF86-D554-4A77-9A4A-E415E09726B6/0/CFFeedbackStmt.pdf, Accessed 2/02/2011.

Mock, T. J., C. Strohm, and K. M. Swartz. 2007. "An Examination of Worldwide Assured Sustainability Reporting." *Australian Accounting Review* 17 (1): 67-77.

Nidumolu, R., C. K. Prahalad, and M. R. Rangaswami. 2009. "Why Sustainability Is Now the Key Driver of Innovation." *Harvard Business Review* 87 (9): 56-64. http://hbr.org/2009/09/why-sustainability-is-now-the-key-driver-of-innovation/es.

第六章
可持续发展指标：会计师接受 SEERS 报告的时候到了吗？

Piltz, R. 2007. "House Science Investigations Chairman Calls on Exxon to Account for Global Warming Denial Funding." Climate Science Watch. May 21. http://www.climatesciencewatch.org/2007/05/21/house-science-investigations-chairman-calls-on-exxon-to-account-for-global-warming-denial-funding.

Searcy, C. 2009. "Setting a Course in Corporate Sustainability Performance Measurement." *Measuring Business Excellence* 13 (3): 49-57.

Sebhatu, S. P. 2008. *Sustainability Performance Measurement for Sustainable Organizations: Beyond Compliance and Reporting*. Karlstad, Sweden: Service Research Centre, Karlstad University. Accessed March 3, 2011, http://www.ep.liu.se/ecp/033/005/ecp0803305.pdf.

Seedco Policy Center. 2007. *The Limits of Social Enterprise: A Field Study and Case Analysis*. http://www.seedco.org/publications.

第七章
财务挑战：协调社会和环境价值以及股东价值[①]

在财务界，股东价值长期以来一直是学术界和专业人士首选的绩效指标。随着利润的增加，股东价值最大化被许多人视为公司管理者的主要目标，并且是大多数财务课程的主旨。当我们介绍 SEERS 的重要性时，首先出现的问题就是社会和环境可持续性、财务业绩与股东价值是如何关联的。这些概念可以共存，而且可以通过一种有聚合力的、有效的教学方法来教授吗？随着发展 SEERS 世界观对于组织和创业领导者来说变得越来越重要，我们有义务进行一些尝试。然而，基于预测逻辑将 SEERS 纳入财务视野的任务可能是艰巨的。为了描述这一挑战，我们从看似简单的关于可持续发展和企业社会责任的问题开始，它们是基于 SEERS 世界观而产生的活动。

---

① 本章由 Richard Bliss 撰写。

第七章
财务挑战：协调社会和环境价值以及股东价值

第一个问题涉及公司在企业社会责任（CSR[①]）方面的排名。每种评级方法都评估可持续性和社会责任的不同方面，对于许多排行榜来说，评级最高的公司可能当年榜上有名，下一年就跌出榜单，无影无踪了。

以孟山都（Monsanto）公司为例。2010 年，该公司在《企业责任杂志》（*Corporate Responsibility Magazine*）的"最佳企业公民"排名中位列第 31，同时也是 Covalence 排名（Cause Integration 2010）中"最不道德公司"之一。从 2009 年到 2010 年，《企业责任杂志》前 100 名"最佳企业公民"发生了重大变化：2009 年"最佳企业公民"排名中的 44 家公司在 2010 年的排名中消失，包括企业社会责任"宠儿"安捷伦（Agilent）（名列 RiskMetrics Group's 2010 全球 ESG 100 强、入选《新闻周刊》2009 年绿色排名和 Corporate Knights' 全球 100 强）和通用电气（General Electric）（被 *Ethisphere* 杂志评为 2009 年最具商业道德公司、入选《新闻周刊》2009 年绿色排名和 Corporate Knights' 全球 100 强）（Ravich 2010）。

第二个问题见图 7.1，它呈现了四家公司两年的股票回报率，这四家公司分别是全食（Whole Foods）、天伯伦（Tim-

---

[①] 在这一章中，我们交替使用 CSR 与 SEERS，因为 CSR 是企业社会和环境责任的一个通用术语。企业社会责任的目标是让一家公司分享自己的行动，承担起责任，并通过活动增强其对环境、消费者、雇员、社区和其他利益相关者的积极影响。然而，正如第六章所指出的，CSR 和 SEERS 的概念并不完全相同，SEERS 主张对社会、环境和经济价值创造采取更全面的方法。

berland)、埃克森美孚（Exxon Mobil）和亨茨曼（Huntsman）（《财富》杂志基于社会责任评出的2007年最不受欢迎的美国公司）。你认为，哪些公司有正回报，那些公司有负回报？股票回报率为正的两家公司是埃克森美孚和亨茨曼，市值损失约40%的两家公司是天伯伦和全食。

图7.1　全食、天伯伦、埃克森美孚和亨茨曼两年的股票回报率

这些例子——尽管公认是不科学的——凸显了SEERS与股东价值之间协调一致的两个障碍。第一个障碍是，有很多方式来定义CSR，但没有一个单一的、既定的方法可以让我们对公司进行量化评估和排名。相比之下，有财务标准——GAAP、国际会计准则和《萨班斯-奥克斯利法案》——允许对不同行业和国家的公司财务业绩及监管合规性进行"一对一"的比较（见第六章）。

第二个障碍是，尽管有数以百计的实证研究，但没有明确

第七章
财务挑战：协调社会和环境价值以及股东价值

的或一致的证据表明，企业社会责任活动会给股东带来更高的财务回报。社会和环境责任与股东价值之间缺乏明显的联系，这给投资者和公司管理者造成了困惑，他们必须在越来越大的秉持 SEERS 世界观的压力下，找到法律和诚信责任之间的平衡。

依赖基于大量数据和经济理论的预测逻辑思维的财务教育工作者及专业人士面临两难困境。一方面，由于标准化数据的缺乏，以及企业社会责任与财务业绩之间的非确定性关联，人们很容易将 SEERS 视为另一种管理思潮。另一方面，一些管理者认为社会和环境责任很重要，但不确定它如何与盈利能力和股东价值关联起来。作为教育工作者，我们面临的问题是，如何提高学生对社会和环境责任以及不断变化的公司角色和责任问题的认识与兴趣。这些因素结合起来就解释了我们为什么应该努力更好地理解这一主题，并教育我们的学生——世界未来的创业领导者——如何从财务角度秉持 SEERS 世界观。

与其试图以哲学或道德理由证明社会和环境的可持续性——正如一些拥趸所做的那样，财务观点认为，SEERS 应当在股东价值框架内予以考虑和评估。某些社会和环境活动与增加股东价值并不矛盾。事实上，专注于这些价值创造活动可以让我们避免将婴儿和洗澡水一起倒掉。我们希望读者和财务专业的同行们相信，通过基于预测逻辑的严谨的财务分析评估 SEERS 活动，我们可以专注于那些与股东价值一致的实践，同时丰富我们的教学内容并提升其有效性。

SEERS 的财务框架

我们首先强调将社会和环境价值创造纳入财务领域所面临的一些挑战。这也可能有助于解释为什么财务学者及行业专业人士经常质疑社会和环境责任。我们认为，协调企业社会责任与股东价值创造的困难分为三个方面：界定企业社会责任，衡量和评估企业社会责任，评估企业社会责任与财务业绩之间的关系。

界定企业社会责任

企业社会责任行为的界定尚不明确。[①] 可能的行为活动范围从遵守环境法规到减少供应链的碳足迹，从遵守当地劳动法到提供医疗保险，从进行慈善捐赠到发布反种族主义的公共服务公告。由此，含糊的企业责任界定很难将公司归类为具有"好"的或"坏"的企业社会责任。

例如，当麦当劳（McDonald）的产品在营养上受到质疑

---

① 学术文献同时使用企业社会责任（CSR）和企业社会绩效（CSP），但区别并非总是很清楚。企业社会责任是公司承担的社会责任行为，而企业社会绩效则代表利益相关者如何评估这些行为的质量和影响。Luo 和 Bhattacharya（2009：201）总结了如下区别："当公司投资于企业社会责任计划时，企业社会绩效作为衡量公司相对于竞争对手的历史社会绩效的综合指标，是利益相关者给予公司的奖励。因此，企业社会绩效可能与财务业绩挂钩。"

第七章
财务挑战：协调社会和环境价值以及股东价值

且其供应商正从事大规模的公司化农业生产时，其能否因使用可回收的包装材料而被视为一个负责任的企业公民？孟山都的转基因种子是全球饥荒的解决方案，还是对生物多样性的威胁？阿彻·丹尼尔斯·米德兰（Archer Daniels Midland）是应该因其在扩大乙醇生产方面的作用而受到称赞，还是应该因玉米乙醇实际上可能比同等数量的化石燃料对气候变化的影响更大而遭到抨击？这些公司是否应该因某些活动而得到褒扬，又因其他一些活动而被贬抑？有没有一种方法来评估一家公司对社会的净贡献？股东们对这些不同类型的活动有何反应？

衡量和评估企业社会责任

第六章讨论了与企业社会责任报告相关的挑战，以及指导企业社会责任报告的一致标准的缺乏。企业社会责任有各种各样的报告指南和标准，而每种又衡量不同的内容。此外，许多排名和名单都旨在提供公司的企业社会责任或可持续发展活动的证据，但一些排名背后的方法论充其量是主观的。类似的问题是，目前没有强制性地要求公司披露其社会和环境活动信息，并且当其选择自愿报告时，也几乎没有一致的标准。

与上述情况相反，希望评估公司绩效的投资者、公司管理者和学者可以获得财务数据。每一家上市公司都必须遵循强制性的季度财务信息披露要求。披露的内容和格式都是明确规定的，并符合证券交易委员会的要求和公认会计准则或国际会计准则的规则。这些问题类似于第六章提到的提供可靠和相关数据的挑战。毫无疑问，评估财务业绩的信息比评估社会和环境绩效的数据更明确、更容易获得。对于那些习惯于依据对未来财务产生影响的可靠和相关措施做出决策的领导者来说，将社会和环境活动纳入其中是一项挑战，因为这些活动可能更难衡量。

财务面临的另一个挑战是关注股东价值创造。关注社会和环境价值意味着扩大管理重点，包括其他利益相关者，如员工、供应商、客户和当地社区。当这种情况发生时，目标就是最大化利益相关者的总体福利，而不仅仅是股价。问题是至少在当前的发展状态下，利益相关者理论并没有明确定义总体福利或解释如何量化相互竞争的利益相关者之间的利益权衡。

因此，即使公司评估及报告其社会和环境活动，也没有有效的方法比较各公司的信息。故许多公司未能以任何量化方式报告其企业社会责任活动或其企业社会责任报告信息非常有限，也就不足为奇了。公司可能选择只向利益相关者展示积极的结果，而非其所做的权衡。企业社会责任报告可能成为提升公司声誉和品牌形象的手段，而不见得是对其实际绩效的准确评估。

企业社会责任与财务业绩的脱节

也许，将企业社会责任与财务模型相协调的最大挑战在于，没有一致的证据表明企业社会责任能为公司带来更好的财务业绩。我们可以从两个角度评价这个问题。第一个角度是研

第七章
财务挑战：协调社会和环境价值以及股东价值

究企业社会责任与单个公司财务业绩之间的关系，第二个角度是研究企业社会责任投资的回报。虽然有一些证据表明企业社会责任与财务业绩之间存在关联，但是没有一致和确定的结论。

Orlitzky 等（2003）利用荟萃分析（meta-analysis）回顾了 52 项关于企业社会责任与财务业绩之间关系的学术研究，得出企业社会绩效（CSP）与财务业绩显著正相关的结论。然而，研究人员几乎没有发现因果关系的证据，他们得出的结论是："这种关系似乎是双向的、同时发生的。"换句话说，公司的财务业绩高，其社会绩效也高。良好的财务业绩是否允许公司做更多的善事，或者做更多的善事能否带来更好的财务业绩，我们不得而知。

Margolis 和 Walsh（2003）研究了 127 篇发表于 1972 年至 2002 年间的企业社会责任和财务业绩报告。大多数研究（109 项，占 86%）将企业社会责任作为预测财务业绩的自变量模型。其中，54 项表明正相关，7 项表明负相关，48 项表明不相关或得出混合的结果。22 项研究将财务业绩作为企业社会责任的预测指标，16 项（占 73%）发现两者之间存在正相关关系，即良好的财务业绩导致企业社会责任的增加。然而，很难得出明确的结论，因为剩下的 109 项研究以 70 种不同的方式衡量企业社会绩效，并基于 27 种不同的数据来源评估企业社会责任。Margolis 和 Walsh 总结道："企业社会绩效和财务业绩之间的确切联系可能比结果表明的更虚幻。"当企业社会责任没有得到很好的定义或衡量时，我们如何确定企业社会责任

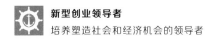

和财务业绩之间的关联呢?

另一种评估企业社会责任与财务业绩关系的方法是考虑企业社会责任投资(SRI)基金的绩效。SRI 在美国和世界各地都有了显著的增长。1995 年,共有 55 只 SRI 共同基金管理着 120 亿美元,SRI 资产总额达 6 390 亿美元。到 2010 年,这些数字已经增至 493 只基金和 5 690 亿美元,SRI 资产总额达 3.07 万亿美元,占专业管理基金(25.2 万亿美元资产)的 11% (Social Investment Forum Foundation 2010)。

在欧洲,1995 年至 2005 年间,SRI 共同基金的数量从 54 只增加到 375 只,管理着 300 亿美元的资产(Renneboog, Ter Horst, and Zhang 2008: 1726)。欧洲 SRI 资产总额从 2007 年的 2.7 万亿欧元增至 2009 年年底的 5 万亿欧元(Eurosif 2010)。显然,对 SRI 基金的需求增加了,投资者可能正在寻找方法来评估公司的企业社会责任实践,以便更好地投资这些公司。

虽然我们知道 SRI 基金的受欢迎程度有所提高,但我们有必要考虑 SRI 基金的表现是否优于其他基金。Renneboog、Ter Horst 和 Zhang(2008)全面回顾了关于 SRI 的学术研究。他们的实证证据表明,在美国、英国、加拿大和澳大利亚,SRI 基金与其他基金的表现差异不大,而欧洲大陆和亚太地区的 SRI 基金较其他基金的表现不佳。图 7.2 显示了两个流行的企业社会责任指数——道琼斯可持续发展世界指数(Dow Jones Sustainability World Index, DJSWI)和 FTSE4Good 指数——最

第七章
财务挑战：协调社会和环境价值以及股东价值

近的表现与 MSCI 世界指数的比较。这些数据支持了这样一种说法，即具有更好的 SRI/CSR（社会责任投资/企业社会责任）指标的公司并没有表现出一致的、卓越的绩效。

截至2010年 3月31日	企业社会责任指数		
	DJSWI[1]	FTSE4Good[2]	MSCI[3]
1年	39.5%	56.2%	37.7%
3年	−18.8%	−15.7%	−17.6%
5年	21.4%	15.3%	21.1%

1. 道琼斯可持续发展世界指数（DJSWI）：
   http://www.sustainabilit-index.com
2. FTSE4Good指数：
   http://www.ftse.com/Indices/FTSE4Good_Index_Series/index.jsp
3. MSCI世界指数：
   http://www.mscibarra.com/products/indices/international_equity_indices/gimi/stdindex/performance.html

图 7.2　企业社会责任指数的表现

本研究中企业社会责任活动与财务业绩之间缺乏一致的、清晰的联系，并不意味着具体的企业社会责任活动不能使单个公司受益。这意味着，我们必须对公司的社会和环境可持续性活动的财务影响进行严格的评估，就像公司的其他活动和投资一样。在这种背景下，我们的挑战变成了定义最有可能提升股东价值的企业社会责任活动。这是下一节的目标。

从财务角度分析 SEERS

既然 SEERS 的社会和环境成分目前定义不清，缺乏客观的衡量标准，而且与财务业绩尚未明确挂钩，那么，SEERS是否仍能与股东价值相一致？从财务角度来看，我们认为答案是肯定的。在本节中，我们提出了一种将 SEERS 的组成部分纳入财务分析和教学中的方法。通过关注与财务业绩明确关联的 SEERS 元素，我们可以在不牺牲分析严谨性的前提下维护股东价值。我们确信，这种方法不仅站得住脚，而且可以反映许多公司领导者对社会和环境责任的看法。正如沃尔玛负责持续发展的高级副总裁 Matt Kistler 所重申的，"如果这在财务上不可行，那么像我们这样的公司就不会这样做"（Bhanoo 2010）。

我们如何教导崭露头角的创业领导者考虑 SEERS 活动的经济效益？从财务角度来看，我们认为创业领导者应将资源集中在他们认为会对盈利能力及股东价值产生积极影响的社会和环境活动上。基于预测逻辑，财务理论允许我们评估这些投资和活动的财务影响，就像我们评估公司的其他投资一样。

财务理论将任何资产的价值都定义为其未来预期产生的现金流的现值。这个分析中有两个变量：预期现金流和经风险调整的贴现率。贴现现金流技术——最广泛地用于评估投资和公司价值的工具——就是基于这个简单的概念。除了贴现现金流，现在还有两个因素可以提升公司价值：一是预期未来现金流的增加（通过降低成本或增加收入），二是因贴现率下降而使这些现金流的风险降低。

因此，对于创造股东价值的 SEERS 活动来说，它们必须

第七章
财务挑战：协调社会和环境价值以及股东价值

要么增加未来的现金流（利润①），要么降低未来现金流的风险。有些人可能会质疑这种直接联系的必要性，认为任何承担社会责任的行为总体上都是有益的。然而，大多数财务专业人士更加务实，他们不但理解，而且希望能够支持那些能够增加现金流或降低风险的SEERS活动。运用财务的预测逻辑，我们建议：与指导大多数公司资源分配决策的活动相比，SEERS活动应该归属于成本/效益分析。

为了便于进行这种预测分析，我们提出评估SEERS活动的三类方法：节约成本、增加收入和降低风险。当然，这种划分并不总是清晰的，有些SEERS活动可能会跨越多个类别。我们将SEERS/企业社会责任与股东价值的关联框架总结在图7.3中（其中显示了这三类SEERS活动），并根据它们与股东价值的关联强度对其进行排序。在图7.3的顶部是明显增加现金流和相对容易识别以及与股东价值相关联的SEERS活动。在底部的是那些与财务业绩关联较弱的活动，或者是成本和收益更难量化的活动。虽然图7.3的分类有些主观，但我们认为它有助于增进我们对如何在当前的财务分析方法下考虑SEERS活动的影响的理解。下面的讨论描述了每种类型的活动，并提供了真实的示例。

---

① 虽然利润和现金流不是同义词，但为了简化，我们合理地假设它们是密切相关的。

活动	SEERS/企业社会责任	示例
强关联 ↑	节约成本 直接或间接	☐ 使用低成本的可回收材料 ☐ 降低包装材料和运输成本 ☐ 改善人力资源政策,提高生产率
	增加收入 直接或间接	☐ 向对社会负责任的产品收取溢价 ☐ 进行公益营销 ☐ 向慈善机构捐款,参与社区活动
↓ 弱关联	降低风险 直接或间接	☐ 规避税收和不利监管 ☐ 维护公司的声誉 ☐ 防止抵制和其他社会歧视

图 7.3 SEERS/企业社会责任与股东价值

节约成本

增加利润最简单的方法是减少开支。SEERS 与成本削减之间的联系既可以是直接的,也可以是间接的。如果是直接实现的,即没有额外的支出或投资,那么其好处是显而易见且毫不含糊的。属于这一类别的 SEERS 活动包括转向更便宜但更具社会责任感的生产投入。直接削减成本的例子包括:报社转而使用价格低于原浆纸的再生新闻纸;餐馆购买当地种植的产品,这种产品比通常由经销商提供的产品更便宜。

在实践中,大多数的 SEERS 选择都会对多种成本项目产生影响,并可能涉及大量投资。这些情况下的节约是间接的。

第七章
财务挑战:协调社会和环境价值以及股东价值

一个常见的例子是努力减少商业建筑取暖、制冷和照明的能源使用量。这可以通过多种方式实现,包括绝缘、智能控制和使用紧凑型荧光灯。每一项改革都涉及前期投资,以降低能源消耗的形式为未来节约成本。减少化石燃料的使用和温室气体排放对环境有利。对于这些投资中的任何一项,我们都可以估算未来的成本节约,用现金流量贴现法来权衡其所需的投资,并根据对股东价值的预期影响做出决策。

另外一个间接节约成本的例子可以在公司包装产品的方式中找到。环保包装设计可以减少材料需求,降低运输和仓储成本,并鼓励回收。以下是三个真实世界的例子:

- 宝洁公司重新设计福杰斯(Folgers)咖啡容器,每年减少的塑料消耗达 100 万磅[1]。
- 雀巢在其波兰春天(Poland Spring)和鹿园(Deer Park)瓶装水品牌上使用较小的标签,节省了 2 000 万磅纸。
- 可口可乐改变达沙尼(Dasani)水瓶的形状,减少了 7% 的材料使用量(Demetrakakes 2007)。

这里的每一项活动都因材料的节省而降低了成本,因重量更轻和体积减小而降低了运输费用。在重新设计的过程中会产生成本,也可能会产生额外的设备投资,但是,我们同样可以用传统的财务分析工具来量化成本和预期收益。

---

[1] 1 磅=459.59 克。——译者注

> **新型创业领导者**
> 培养塑造社会和经济机会的领导者

有很多例子表明 SEERS 可以削减成本并增加收入。沃尔玛将其 2009 年营业收入中的 1 亿多美元归功于其在运送商品给美国 4 300 多家商店时转而使用可回收纸板的决定。现在沃尔玛将用过的纸板卖给回收商而不是付钱将其运至垃圾场(Bhanoo 2010)。在这种情况下,沃尔玛因改用可回收纸板而降低了处置成本,然后将其销售出去又产生了新的收入。尽管新的纸板更贵,但增加的成本被新增的收入和削减的处置成本抵消了。沃尔玛估计,其 2009 年的环保效益是少用了 8 600 吨纸板,少砍伐了 125 000 棵树(Wal-Mart Stores Inc,2010:13)。

另一类成本节约涉及 SEERS 与公司员工管理的关系。一个基本假设是越忠诚的员工越能降低流动率和提高生产率,从而节省公司的资金。较低的人员流动率意味着降低了招聘和培训的成本,而较高的生产率则提高了利润率。调查数据显示,SEERS 和员工忠诚度之间的第一种联系基于这样一种观点,即员工不太可能离开与自己价值观相同、具有社会责任感的公司。[1]

例如,天伯伦公司将这两种方法结合起来,每年停工一天,以便所有 5 400 名员工都能参与公司赞助的慈善活动。它

---

[1] 公司的企业社会责任实践,尤其是外部企业社会责任实践,对员工的组织承诺具有显著的正向影响(Brammer, Millington, and Rayton 2007);57% 的员工表示其所在公司的企业社会责任声誉是留住他们的一个因素(Towers Perrin Global Workfox Study 2007-2008);40% 的 MBA 毕业生认为企业社会责任是他们求职时考量的一个"极其"或"非常"重要的公司声誉指标(Hill and Knowlton 2008);92% 的学生和初入职场的员工都寻求一家环境友好型公司(Monster.com 2007)。

第七章
财务挑战：协调社会和环境价值以及股东价值

还允许员工每年有一周的带薪休假，以便与当地的慈善机构合作，并为每年在非营利组织工作的 4 名员工提供为期 6 个月的带薪休假。这代价不菲，仅停工一天，公司就会损失 200 万美元。天伯伦公司的管理层认为，这样的支出有助于公司吸引和留住最优秀的人才，进而提高公司的盈利水平。用总裁兼首席执行官 Jeffrey Swartz 的话来说，"人们喜欢在自己感觉良好的地方做自己喜欢的工作"（Pereira 2003）。

如果一家公司制定了富有社会责任感的人力资源政策，那么其员工的忠诚度和生产率也会提高。这些政策可能包括支付高于市场水平的工资，提供医疗保健和退休金等福利，提供免费午餐、工作现场健身房和儿童看护等工作场所津贴，以及确保全球性安全和公平的工作环境等。

例如，星巴克很早就意识到，它的员工（被称作"合作伙伴"）对于创造"顾客体验"这一竞争优势至关重要。吸引、培训和留住新员工对公司的快速成长计划也至关重要。为了实现这一目标，星巴克支付高于市场水平的工资，并向包括兼职员工在内的所有员工提供医疗和牙科福利、假期、401（k）计划及股票期权。星巴克还为员工提供大量的晋升机会，给员工以新的挑战。这些做法有用吗？星巴克咖啡师的年流动率是 80%，而快捷餐厅员工的年平均流动率是 200%（Weber 2005）。

天伯伦和星巴克等公司认为，它们在企业社会责任和负社会责任的人力资源实践方面的投资，打造了一支忠诚且高效的

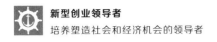

员工队伍,带来了切实的财务收益。只是,关于股东价值的问题是,这些收益是否超过了成本。

增加收入

对于许多公司来说,SEERS 的财务目标可能是增加收入。与降低成本一样,SEERS 和收入之间的联系既可以是直接的,也可以是间接的。当客户为公司产品的社会或环境责任特性支付溢价时,就会产生直接联系。当公司追寻企业社会责任以吸引新客户时,与收入的联系就是间接的。这种间接方式与盈利能力和股东价值之间的联系更为薄弱。

消费者为对社会负责任的产品支付溢价有很多原因。在某些情况下,他们认为产品更好。例如,一些消费者认为有机农产品和散养动物的肉更健康,味道更好,这就证明更高的价格是合理的。在其他情况下,这些产品的质量或功能相同,但以更环保的方式生产、采购,或者在使用过程中能够产生社会或环境效益。风力涡轮机产生的电力与煤电厂产生的电力相同,然而,风力发电既不会产生二氧化碳,也不会导致气候变化。

对基于 SEERS 的收入提高来创造股东价值而言,其额外成本必须由客户愿意支付的溢价所抵消。平衡这些因素可能具有挑战性。例如,2008 年,好市多和山姆会员店推出了一种新设计的 1 加仑牛奶罐。方形容器具有显著的环境效益,诸如易于堆放、储存和运输等,还消除了对传统牛奶箱的需求。这些好处包括节省了大量劳动力,减少了燃料和水的消耗,以及

第七章
财务挑战：协调社会和环境价值以及股东价值

对消费者来说更低的价格。不过，消费者最初拒绝购买新型罐装奶，说里面的牛奶很难倒出来。随后公司重新设计了罐子的形状，并且在售卖店内现场教大家如何倒牛奶。这里的关键是，消费者不会接受以产品功能的削减来换取环境的改善。

将上述例子与荷兰男孩（Dutch Boy）2002 年推出的 Twist & Pour 油漆容器进行对比。新容器完全可回收，更易于堆放，便于运输和存储。它还为消费者带来了实实在在的好处，包括一体式倾倒口、可以更好地保存油漆的拧盖，以及易于抓握的手柄。尽管新容器的成本比传统的金属容器高 2 美元，但荷兰男孩的销售额在第一年就增长了 2 倍（Bishop 2008）。通过改善性能和环境特性，荷兰男孩提高了总收入。

SEERS 增加收入的另一个途径可能是从现有客户中产生额外业务或对新客户增强吸引力。增加间接收益的一种方法是公益营销（cause marketing），维基百科（2010）将其定义为营利性企业与非营利组织互利合作的一种营销方式。

一个早期的例子是 1983 年美国运通（American Express）与自由女神埃利斯岛基金会（the Statue of Liberty-Euis Island Foundation）的合作。美国运通承诺，用户使用运通信用卡完成 1 笔交易，美国运通将向自由女神像的翻修工程捐赠 1 便士；用户每申请 1 张新卡，美国运通将捐赠 1 美元。在这次合作中，美国运通支付了 400 万美元的广告费，并为总额 6 200 万美元的翻修工程捐赠了 170 万美元。对美国运通来说更重要的是，运通卡的使用量仅在第一个月就比前一年增加了 28%，新卡的使用量增加了45%（Adkins 2003：670）。在这个例子中，我们可以很容易地估计出这次合作对美国运通盈利能力和股东价值的影响。

让 SEERS 间接增加收入的其他方式包括慈善捐赠和参与当地社区活动。在某些情况下，这些活动可能与公司的产品或服务有关。例如，2010 年，Aéropostale 服装公司向非营利组织 Cradles to Crayons——该组织为需要帮助的儿童提供衣服——捐赠了 15 000 件过季的外套。捐赠这些外套带来的好处，超过 Aéropostale 出售过季打折外套带来的额外收入。

在其他情况下，这种行为可能与公司的产品或收入没有直接联系，但有助于建立公司的声誉，在较长的时间内，这可能有助于留住现有客户并吸引新客户，从而间接增加收入。如麦当劳的麦当劳之家（Ronald McDonald House）和高盛（Goldman Sachs）在 2008 年承诺向 1 万名女性提供 1 亿美元的资助，这是一项向发展中国家的女性提供商业教育的全球性倡议。愤世嫉俗的人可能会说，其中一些活动旨在修复而非建立声誉，但目标是一致的：提升公司在员工、客户、投资者和其他利益相关者心目中的形象。

在考虑 SEERS 活动增加收入的机会时，组织必须认识到，客户可以为具有社会责任的产品和服务支付的溢价是有限的。这种决策中固有的权衡可能会与其他利益相关者以及公司战略的其他核心方面发生冲突。

例如，沃尔玛抱怨与使用可再生能源相关的高价格，并担

第七章
财务挑战：协调社会和环境价值以及股东价值

心成本将不得不转嫁给消费者，从而威胁到公司"永远低价"的信条。2000年，默克公司与盖茨基金会合作，在博茨瓦纳启动了一项改善艾滋病治疗效果的计划。默克公司必须在研发新药产生的研发成本和专利保护的需求与艾滋病在非洲造成的深重的社会危机之间取得平衡。

降低风险

SEERS活动能产生财务业绩的最后一种方式是降低风险。如果一家公司的现金流波动减小，其融资成本也会降低（Luo and Bhattacharya 2009）。在任何贴现现金流分析中降低贴现率都会增加未来现金流的现值。即使需要新的投资或额外的费用，足够大的风险降低也可以增加股东价值。

SEERS活动降低风险的第一种方式是避开代价高昂的监管和税收。想想美国饮料协会（American Beverage Association）最近的电视和平面广告中，可口可乐（Coca-Cola）、百事可乐（Pepsi）、胡椒博士（Dr Pepper）的员工们撤下在学校自动售货机上的全脂软饮料。这项活动（American Beverage Association, n.d.）宣传了激烈竞争的行业竞争对手之间的合作，并声称："我们一起把学校的饮料卡路里降低了88%。"广告中没有提到最近美国联邦和州两级政府对含糖饮料征收新税的政策，由这些税收增加的收入将用来缓解这些饮料导致的与肥胖相关的健康问题。

美国饮料协会公共事务高级副总裁Kevin Keane总结了该

行业的观点,"我们的公司认识到积极采取行动总比被动防御要好,因此正在公共政策领域制定一些大胆的政策,其他行业将纷纷效仿"(Zmuda 2010)。

在其他情况下,风险不是来自额外的监管或税收,而是来自对公司声誉的损害。正如第四章所提到的,耐克公司必须应对客户及环保人士对其社会和环境影响的质疑。1996年,《纽约时报》(New York Times)的一篇专栏文章曝光了印度尼西亚妇女生产耐克产品的工作条件,随即,耐克公司发现自己身处一场公关噩梦之中(Herbert 1996)。劳工组织抗议耐克公司的做法,指责其虚伪,并指出该公司正在进行的一场广告活动宣传体育和锻炼是给女性赋权的途径。消费者团体酝酿抵制耐克公司的产品,也大大增加了耐克公司的风险。因此,在当年下半年,耐克公司成立了一个新的部门,来监督其供应链合作伙伴是否严格遵守用工标准。到1998年,耐克公司已经制定了与其核心业务功能相关的SEERS规划,以应对劳工危机和对公司声誉的潜在损害(Kytle and Ruggie 2005)。

本章中有关成本节约、收益增加和风险降低的例子表明,组织可以将SEERS与财务价值创造关联起来。然而,创业领导者在运用这些模式时必须谨慎,以避免单方面追寻其竞争对手规避的社会举措时出现价值毁损行为。这种类型的活动可能使组织在产品或资本市场上处于弱势地位。

Robert Reich(2008:10)提出,"超级资本主义"这一术语意味着"竞争如此激烈,以至于大多数公司无法以牺牲消费

第七章
财务挑战：协调社会和环境价值以及股东价值

者或投资者的利益为代价来实现社会目标，否则他们将在别处寻求并找到更好的交易"。Reich 列举了许多公司的例子，这些公司的 SEERS 活动在面临财务业绩下滑时不得不减少。这些公司包括李维斯（Levi Strauss）和玛莎百货（Marks & Spencer），前者因执着于国内制造而差点破产，后者则长期青睐于其全球化的用工标准，于 2004 年成为被恶意收购的目标。关键在于，在竞争激烈的市场中，公司必须同时关注 SEERS 和盈利能力，否则就会面临失去这两者的风险。

总之，从财务视角来看，组织必须考虑 SEERS 如何为客户和股东创造价值。为此，它们需要了解竞争格局，有效地评估其社会和环境活动，并预测客户对价格上涨或产品功能变化的反应。降低成本或以可预测的方式直接增加收入的活动将产生最直接和切实的经济利益。此外，对现金流的分析应考虑这些活动如何提高或降低风险。

再次参见图 7.3 有关协调 SEERS/企业社会责任与股东价值的框架。该图确定了 SEERS、企业社会责任与股东价值之间的联系，并就如何将 SEERS 融入财务教学提供了指导。

将 SEERS 融入财务教学的策略

图 7.3 提供了将企业社会责任融入财务教学的概念框架。SEERS 与基于预测的股东价值财务指标之间的联系是通过现金流和风险的变动来实现的。通过关注两者之间最清晰的联

系，我们可以在不牺牲严谨分析的前提下，将社会和环境价值创造融入财务教学。这意味着要依赖于那些强调 SEERS 对图 7.3 上半部分影响的例子和案例。直到今天，只有很少的案例或练习使这种联系变得明确起来。在缺乏优质的和有效的教学材料的情况下，教育工作者必须发挥其创造性。

其中一种方法是专注于降低成本。为 SEERS 提供的最简单的商业案例是直接降低成本。我们之前的讨论将此定义为节约成本，不需要额外的投资或费用，也强调这种情况并不多见。当公司投资于新技术并在其他地方产生增量成本或收益时，社会和环境活动会带来更典型的成本节约。

我们用"酸雨：南方电力公司（A）"案例（Reinhardt 1992）来说明这种权衡。在这个案例中，美国最大的发电厂之一的南方电力公司（Southern Company）正在考虑其最大的燃煤电厂遵守新的污染法规的几种方案。尽管这是一个较早期的案例，但它提供了一个二氧化硫限额排放交易系统的例子，并分析了新的投资、投入转换以及增加的成本和收入。该案例还使学生们能够运用预测逻辑，定量地估算各种 SEERS 选择对盈利能力、现金流和价值的影响。

我们用几个关于住宅能效的案例将财务分析与 SEERS 联系起来。在一个案例中，学生们评估为老房子添加隔热材料的成本和收益。在另一个案例中，他们计算了住宅太阳能光伏装置投资和节支的预期回报及当前价值。虽然这些活动属于个人层面，但很容易将练习扩展到公司场景。

第七章
财务挑战：协调社会和环境价值以及股东价值

我们还把热门的商业新闻与公司新闻中的那些节约了成本的 SEERS 活动案例关联起来。许多公司发布年度可持续发展报告，为课堂提供了丰富的创意和想法。①尽管这些报告与财务指标的关联较弱，但它们可以增强初涉创业的创业领导者对公司所追求的 SEERS 活动范围的理解。这种讨论可以让学生们了解某些活动对公司财务业绩和股东价值的影响，以及如何衡量这种关联。

除了节约成本，通过 SEERS 活动直接增加收入对公司财务业绩的影响最大。回想一下，当公司销售具有社会责任属性的产品时，就会带来直接的收入增加。然而，这些现金流更加不稳定，也不那么确定，因为我们必须考虑到消费者行为的变化无常。为了向学生们介绍这些议题，我们开发了一个关于生物塑料的案例，以强调如何通过"绿色"产品的开发和营销获利（Bliss 2007）。

我们也正在开发一项练习，以量化拥有普锐斯汽车的成本和收益。这个讨论提出了一个重要的问题，即在评估 SEERS 活动时如何划定边界。例如，从驾驶员的角度来看，拥有普锐斯汽车可能会减少石化燃料的消耗和二氧化碳的排放。然而，如果考虑到普锐斯汽车的生产以及在使用寿命周期内制造和处理电池对环境的整体影响，成本/收益分析就变得更加复杂了。

---

① 来自世界各地各行各业的 1 300 多家公司的报告可以在 http://www.globalreporting.org/grireports/grireportslist 上查阅。

通过要求学生们从多个角度看待这个问题，迫使他们应对以预测逻辑分析 SEERS 活动的内在模糊性。

当我们沿着图 7.3 上方往下方看时，企业社会责任与股东价值创造之间的联系越来越弱，用于定量财务分析的教学材料也越来越少。因此，我们还没有将财务分析的重点放在企业社会责任与间接收入增加之间的联系上，尽管我们正在尝试建立这些联系。例如，我们正在考虑一个投资基金的案例，该基金声称其企业社会责任审查指标能够识别未来表现卓越的股票投资回报。这个案例将有助于讨论有关社会责任投资的问题，以及通过综合运用财务、社会和环境等措施来提高选择回报更好的股票的能力。

鉴于将企业社会责任与股东价值联系起来的挑战，我们没有一种基于预测逻辑的经过验证的方法能够量化可降低风险的企业社会责任活动的影响。在考虑企业声誉风险时尤其如此。然而，很多案例表明，公司的不良企业社会责任行为对其声誉有负面影响。例如，在 2010 年英国石油公司深水地平线钻井平台爆炸及漏油事件中，由于清理工作和与漏油相关的司法费用，现金流明显减少。消费者的抵制和对公司声誉的损害也间接地通过收入的降低减少了现金流。在这些情况下，企业公民意识的缺失对股东价值的影响既是直接的，也是间接的。

财务教育工作者帮助学生们运用预测逻辑对 SEERS 活动进行评估的最后一种方法是，加入一些可能不会在数量上强调与股东价值的关联，而只是专注于销售环保产品和提供环保服

第七章
财务挑战：协调社会和环境价值以及股东价值

务的公司的材料。例如，风险投资基金的主题很受学生们的欢迎，利用绿色公司的材料进行财务讨论可间接提高 SEERS 意识，同时又不会失去财务严谨性。

结　论

SEERS 的主题应该不会引起财务教育工作者的焦虑或恐慌。通过运用我们已经熟悉的预测逻辑和经过验证的分析工具，SEERS 和现有的财务信条可以在几乎没有冲突的情况下共存。社会和环境倡议与股东价值之间最清晰的联系是直接增加现金流的活动。

有许多 SEERS 活动可以降低成本并增加收入，对于这些活动，我们可以很容易地估计它们对公司财务业绩和股东价值的影响。通过评估社会和环境投资，就像分析其他投资一样，我们可以对 SEERS 活动的成本和收益进行严格的财务评估。尽管如此，我们认识到 SEERS 的其他方面很难与价值创造联系起来。这是因为它们对公司现金流（最终是价值的关键决定因素）的影响尚不清楚。对于这些 SEERS 活动，公司可能需要推迟其实施，直到其财务影响和对股东价值的影响更确定时。

当我们讨论社会和环境议题及其在自由的市场中的经济影响时，我们认为这三个维度之间总会存在内在的紧张关系。通过对最极端的观点——所有 SEERS 活动通常来说不是好的就是坏的——进行一定程度的审查和分析，我们可以促进富有成效和启发性的讨论，并使学生们更好地理解 SEERS 如何与股东价值相关联。这些讨论连同我们的会计专业同事的建议，可以提高我们对各种 SEERS 议题及其财务影响的认识，并培养未来的创业领导者，帮助他们了解社会、环境和经济责任与可持续发展的紧张关系及其潜在的协同作用。

参考文献

Adkins, S. 2003. "Cause-Related Marketing: Who Cares Wins." in *The Marketing Book*, 5th edition, ed. M. J. Baker. Burlington, MA: Butterworth-Heinemann, 670.

Ailworth, E. 2010. "Wal-Mart Challenges Cape Wind's High Prices." *Boston Globe*, June 17. http://wap.boston.com/art/35/business/articles/2010/06/17/wal_mart_says_cape_winds_high_costs_will_hurt_retailer/?p=i.

American Beverage Association. n. d. "School Beverage Guidelines Ads." Accessed March 3, 2011. http://www.ameribev.org/nutrition--science/school-beverage-guidelines/ads--multimedia.

Bhanoo, S. N. 2010. "Products That Are Earth-and-Profit Friendly." *New York Times*, June 11. http://www.nytimes.com/2010/06/12/business/energy-environment/12sustain.html.

Bishop, S. 2008. "It's Green, But Will People Want It?" *Harvard Business Review*, September 10. http://blogs.hbr.org/leadinggreen/2008/09/its-green-but-will-people-want.html.

Bliss, R. 2007. *Socially Responsible Investing: Metabolix, Inc.* Babson Park, MA:

第七章
财务挑战：协调社会和环境价值以及股东价值

Babson College.

Brammer, S., A. Millington, and B. Rayton. 2007. "The Contribution of Corporate Social Responsibility to Organizational Commitment." *International Journal of Human Resource Management* 18 (10): 1701-1719.

Cause Integration. 2010. "The Most 'Unethical Company' Is Also a 'Best Corporate Citizen.'" March 9. http://www.causeintegration.com/2010/the-most-unethical-company-is-a-best-corporate-citizen-what-gives.

Demetrakakes, P. 2007. "How to Sustain 'Green' Packaging: 'Sustainable Packaging' Is Getting a Lot of Attention. But What Does It Mean, and How Can It Appeal to Consumers?" *Food and Drug Packaging*, June. http://findarticles.com/p/articles/mi_m0UQX/is_5_71/ai_n19346051.

Eurosif. 2010. *European SRI Study*. http://www.eurosif.org/research/eurosif-sri-study/2010.

Herbert, B. 1996. "From Sweatshops to Aerobics" [op-ed]. *New York Times*, June 24, A. 15.

Hill and Knowlton. 2008. "Reputation and the War for Talent: Corporate Reputation Watch 2008." http://www2.hillandknowlton.com/crw/charts.asp.

Kytle, B. and J. Ruggie. 2005. *Corporate Social Responsibility as Risk Management: A Model for Multinationals*. Corporate Social Responsibility Initiative working paper No. 10, John F. Kennedy School of Government, Harvard University, p. 15.

Luo, X., and C. B. Bhattacharya. 2009. "The Debate over Doing Good: Corporate Social Performance, Strategic Marketing Levers, and Firm-Idiosyncratic Risk." *Journal of Marketing* 73 (6): 198-213.

Margolis, J. D., and J. P. Walsh. 2003. "Misery Loves Companies: Rethinking Social Initiatives by Business." *Administrative Science Quarterly* 48 (2): 268-305.

Monster.com. MonsterTRAK Joins Forces with ecoAmerica to Launch Green Careers by MonsterTRAK [news release]. October 3, 2007. http://www.prweb.com/releases/monstertrak/green/prweb558374.htm.

Orlitzky, M., F. L. Schmidt, and S. L. Rynes. 2003. "Corporate Social and Financial Performance: A Meta-Analysis." *Organization Studies* 24: 403-441.

Pereira, J. 2003. "Doing Good and Doing Well at Timberland." *New York Times*, September 9.

Ravich, M. 2010. "CRO's New CSR Ranking." March 12. http://www.justmeans.com/CRO-s-New-CSR-Ranking/10707.html.

Reich, R. B. 2008. *The Case against Corporate Social Responsibility*. Goldman School of Public Policy working paper No. GSPP08-003, University of California, Berkeley. http://ssrn.com/abstract=1213129.

Reinhardt, F. 1992. *Acid Rain: The Southern Co. (A)*. Case 9-9722-060. Boston: Harvard Business School.

Renneboog, L., J. Ter Horst, and C. Zhang. 2008. "The Price of Ethics and Stakeholder Governance: The Performance of Socially Responsible Mutual Funds." *Journal of Corporate Finance* 14 (3): 302-322.

Social Investment Forum Foundation. 2010. *2010 Report on Socially Responsible Investing Trends in the United States: Executive Summary*. Accessed March 3, 2011, http://www.socialinvest.org/resources/pubs/trends/documents/2010TrendsES.pdf.

第七章
财务挑战：协调社会和环境价值以及股东价值

Towers Perrin Global Workforce Study. 2007-2008. "Closing the Engagement Gap: A Road Map for Driving Superior Business Performance." http://www.towersperrin.com/tp/getwebcachedoc? webc = HRS/USA/2008/200803/GWS_Global_Report20072008_31208.pdf.

Wal-Mart Stores Inc. 2010. *Wal-Mart Global Sustainability Report: 2010 Progress Update.* Accessed March 3, 2011, http://cdn.walmartstores.com/sites/sustainabilityreport/2010/WMT2010GlobalSustainabilityReport.pdf.

Weber, G. 2005. "Preserving the Starbucks Counter Culture." *Workforce Management*, February, 28-34. http://www.workforce.com/section/recruiting-staffing/feature/preserving-starbucks-counter-culture.

Wikipedia. 2010. "Cause Marketing." Accessed March 25, 2011. http://en.wikipedia.org/wiki/Cause_marketing.

Zmuda, N. 2010. "Beverage Giants Team Up to Remove Schools' Soda." Crain's *New York Business. com*, March 10. http://www.crainsnewyork.com/article/20100310/FREE/100319988.

Part 3

第三篇

引导行动的自我和社会意识

第八章
我是谁？学习和利用自我意识[①]

创业领导力的核心是一个人对自己、对自己所处的环境及其关系网络的深刻理解。回到我们在导论中讨论的 Clorox 公司绿色工程项目的案例，创业能否成功取决于少数创业领导者与他们关于环境和家庭安全的价值观的深层关联。这些领导者遵循自己的价值观并付诸实践的激情将绿色工程项目推向了市场。同样，Robert Chatwani 支持发展中国家手工艺人的激情是建立 WorldofGood.com 网络平台的基础（见第四章）。这些创业领导者专注于自己的激情，创建了团队，共享实现社会和经济机会的愿景。

除了深刻地了解自己，这些创业领导者还成功地意识到自己所处的环境，并对环境做出了反应。在绿色工程项目案例中，创业领导者深入了解到为什么一些人对天然清洁产品感兴趣。通过与这个群体的价值观而不是数据相关联，他们为

---

① 本章由 James Hunt、Nan S. Langowitz、Keith Rollag 和 Karen Hebert-Maccaro 撰写。

> **新型创业领导者**
> 培养塑造社会和经济机会的领导者

Clorox 公司和整个天然清洁产品行业开辟了一个新的市场。同样，Chatwani 与印度当地手工艺人的互动，帮助他理解了这个群体的需求。他对易贝及其价值观的了解，也让他能够通过展示易贝文化与这一机遇的关联而获得 WorldofGood.com 的内部支持。

最后，这些创业领导者并不是独自带来了这些变化，这是他们与其他共同创造这些机会的人合作的结果。以 Clorox 公司为例，公司营销集团、新任首席执行官和塞拉俱乐部共同将绿色工程项目推向了市场。在 Chatwani 的案例中，Chatwani 激发了易贝内部的联合创始人，并与关键的外部合伙人 Priya Haji 建立了联系。对于这两类创业领导者来说，这些关联的产生来自他们对自己的想法充满激情，并通过实验对这些计划形成助力。网络连接改变了这两种创新理念的发展方式。

在这一章中，我们将探讨如何教导创业领导者识别并运用他们对自己的激情、价值观和技能的自我意识。我们关注的是初出茅庐的创业领导者如何学习和利用个人的自我意识及职业意识。

管理发展与对自我意识关注的缺失

这些例子表明，新型创业领导者应当非常强烈和实际地认识到自己是谁。他们必须从价值观、动力和背景方面理解自己的身份，并对自己的能力和局限性保持诚实及开放的态度。这

第八章
我是谁？学习和利用自我意识

种理解为他们提高获取社会和经济机会的能力奠定了基础。

以世界上最大的网络通信公司思科的首席执行官约翰·钱伯斯（John Chambers）为例。钱伯斯患有诵读困难症，这种病症的特点是难以阅读书面文字和进行基于文本的交流。在他成长的过程中，这种状况迫使他开始欣赏书本之外的学习和人际沟通方式。钱伯斯公开借鉴了这一经验，他鼓励员工们尝试并发展思科的视频和网络会议业务，该业务旨在使虚拟的面对面会议变成一种更吸引人的方式，而不是发送冗长的电子邮件。

同样，最受尊敬的全球企业之一、以领导力著称的通用电气首席执行官杰夫·伊梅尔特（Jeff Immelt）最近重新关注他所说的"类固醇上的自我反思"。伊梅尔特将他的方法，以及他希望通用电气其他领导者采用的方法，视为一种促进更大的创新以提升通用电气业绩的手段（Brady 2010）。虽然大多数创业领导者不像钱伯斯和伊梅尔特那样声名显赫，但他们都具有各自独特的优势，面临不同的挑战，并拥有理解和致力于推动机会所需的激情、价值观和技能。

遗憾的是，太多的领导者没有花工夫去了解自己是谁，自己想要什么。更糟糕的是，一些人甚至低估了自己内心的声音——这些声音试图告诉他们其激情所在以及他们的优势和劣势。他们对自己目前的优势和劣势了解不足，也没有过多地考虑如何识别和提高在当前或期望的职业中取得成功所需的关键能力。即使他们对自己的目标和能力做了一些自我反省，也

新型创业领导者
培养塑造社会和经济机会的领导者

很少有领导者懂得如何利用自己的激情及目标推动新的社会和经济机会。因此，为了培养创业领导者，管理教育工作者必须帮助他们评估其价值观、能力和兴趣。我们需要教这些未来的领导者提高自身的技能和能力，使他们能够为自己和组织创造价值。

当个人决定就读商学院或参加领导力开发项目时，他们通常会寻求发现新的思维方式，建立新的人际网络，拓宽视野。遗憾的是，这并不是大多数人在参加管理发展课程，尤其是进入 MBA 项目时所经历的现实。

很多企业管理人员和学者都认为 MBA 项目已经与管理实践相脱离，与在职学员日复一日的工作实践不搭界，过度技术化，过分重视教学员概念，而不是向他们介绍新的思维方式和新的洞察力以提升领导力（Bennis and O'Toole 2005；Mintzberg 2004；Rubin and Dierdorff 2009）。不少组织抱怨说，MBA 毕业生往往对自我价值抱有不切实际的期望，并没有获得迅速成为有效领导者的自省和社交技能（Feldman 2005）。

从本质上讲，大多数 MBA 学员无论在现在还是在未来的组织里都对自己的目标和能力缺乏自我意识。因此，他们也没有做好帮助他人建立自我意识的准备。MBA 毕业生之所以能成为成功的创业领导者，是因为他们不仅能够积极管理自己的职业生涯，还能帮助他人发展事业。很少有 MBA 项目为学员提供人才培养方面的培训和实践，尤其是在如何管理下属、确定个人职业目标、评估和提高关键能力，以及提供指导和支持

第八章
我是谁？学习和利用自我意识

等方面。对于管理教育工作者和领导力开发专业人士来说，这一差距代表着巨大的、尚未开发的机会。

联结自我意识与职业和人才发展

人才和职业管理的场景为向学员们介绍自我意识的重要性和展现具有深刻的自我认知的价值提供了完美的平台。基于此，我们开发了一门创新性课程——"管理评估与发展"（Managerial Assessment and Development，MAD）[①]，它教会未来的创业领导者如何更加自省，以及如何利用这些知识引导其职业生涯发展。MAD 课程的目标是：

- 让学员们通过阐明自己的志向并系统地洞察自己与这些志向相关的优势和劣势，培养自我意识。
- 通过循序渐进的课程体系，引导学员们个人的发展规划，以主导其未来的职业发展。
- 让学员们采取行动，与工作场所的主要利益相关者协商下一步的举措。
- 让学员们学习与其下属一起推进这些活动。

MAD 课程的学习经历加深了学员们将自己置身于特定情境中的能力，无论是为了自己的职业发展，还是为了与他人更好地合作。这在当今的经济环境中尤其重要，在这一情境下，

[①] 课程名称借鉴了 Richard Boyatzis 和他在凯斯西储大学（Case Western）同事们的研究成果。

领导者们更有可能拥有多种多样的职业生涯,这是自主决定的且遵循非传统的路径(Hall 2002)。这种学习可以在下面的引文中体现出来:

> MAD 课程告诉我,我需要以不同于现在的角色挑战自我……此外,通过实施我的发展规划,我获得了迄今为止最好的评价之一。我的经理非常惊讶于我能如此有效地执行她在上次评估中给我的直接反馈。我知道,从长远来看获得 MBA 学位将有助于我的职业发展,但我做梦都没想到,进入商学院会在短期内就对我的职业发展有所帮助!
>
> ——互联网门户公司财务经理

正如这位学员的反馈所显示的,MAD 课程帮助领导者们学会在自己的职业发展和组织中探索人才管理。对于组织来说,持续的竞争优势常常取决于创新地选拔和部署人才的能力(Pfeffer 1998)。了解如何吸引、发展和留住人才是卓越绩效的战略要求,而了解与创业领导者如何具体地合作则更为复杂。此外,随着美国和其他许多发达经济体的人口结构继续发生变化,人才管理的重要性也在持续提升。

21 世纪初,麦肯锡公司(McKinsey and Co.)报告了"人才之战",10 年后的一份最新报告重申了关注人口变化对组织人力资本影响的重要性(Guthridge, Komm and Lawson 2008; Michaels, Handfield-Jones and Axelrod 2001)。随着人口的老龄

第八章
我是谁？学习和利用自我意识

化和日益多样化，人口结构的变化也意味着组织面临新的挑战（Guthridge, Komm, and Lawson 2008; Strack, Baier, and Fahlander 2008）。这些趋势影响组织对人才的选择、保留和开发过程，并拓宽了人-岗匹配的概念。创业领导者要想取得伟大的成就，就必须精心培养自己及员工的才能（Buckingham and Coffman 1999）。

人才管理的概念内涵是有效职业生涯管理的最佳实践基础。例如，人才管理的一个基本概念是，个人的能力与其扮演的角色之间的契合度。职业发展要求一个人意识到自己的职业和个人身份（Hall 2002）、激励个人的驱动因素（Schein 1978, 2006），以及自己和所处环境的关系（Holland, 1958）。发展自我意识和情商的各个方面是事业获得成功及提升领导力的基本要求（Goleman 1995, 2000）。

培养人才也意味着创业领导者理解能力发展的问题，并有能力发展自己和周围的人的能力。能力发展有助于自身适应不断变化的环境，主要通过在职学习来实现。能力发展还要求员工们有机会接受挑战，他们在应对挑战方面的进展能够得到评估，并能获得学习上的支持，如辅导、培训和继续教育（McCall, Lombardo, and Morrison 1988; Van Velsor, and McCauley 2004）。

通过将能力与组织需求关联起来，创业领导者能够以员工的兴趣为基础，为他们提供具有挑战性的工作，并帮助他们反思自己付出的努力（Hunt and Weintraub［2002］2010）。所有这些都需要员工的自我意识，这种意识可以通过与有自我意识的管理者进行对话来增强。最好的人才管理是双方协商的结果，双方都明白自己想要什么和需要什么。

对于未来的创业领导者来说，职业管理和人才管理提供了理想的条件来检验他们是谁，他们的技能、价值观和动机是什么，以及这些因素如何与他们的职业生涯、生活和工作相关联。当创业领导者专注于发展自己的组织和团队时，他们也希望发展与自己的激情相关的事业，没有这种关联，他们不可能成功。MAD 课程促进了这种关键性联结的发展。

MAD 课程概述

在我们的 MAD 课程的设计中，关于人才管理的概念内涵与一系列自我评估和分析练习相关联，最终形成个人发展规划。在这个过程中，学生们重点关注以下问题：

- 他们应该在哪里以及如何投入他们的职业能量？
- 他们必须投入什么（人才、价值观、能力和动力）？
- 他们希望获得什么样的投资回报（职业发展和生活愿望）？
- 作为管理者，他们如何最大限度地提高组织实现业务目标所需的人才的效用？
- 对于团队成员和同事们将会如何回答前三个问题，他们了解多少？这将如何改变他们与团队成员的合作方

第八章
我是谁？学习和利用自我意识

式或为他们提供怎样的机会？

通过聚焦于这些问题，学员们学会运用创造逻辑构建行动方案，以评估和建立自己的个人才能、价值观和动力，并以相同的方法支持他人。

MAD 课程是我们为有 15 年工作经验的专业人士设计的混合式学习 MBA 项目中的一门课程。作为一个混合式学习项目，该课程主要采取在线授课的方式。在为期七周的课程的第五周，学员们进行为期一天的面授学习。虽然许多教育工作者对这种以远程方式教授人际关系概念的做法表示质疑，但我们发现这种方式为学员们提供了新的机会，使他们能够以更适合个人学习风格和时间安排的方式应对有关个人发展的问题。

接下来，我们将更详细地讨论该课程设计的四个核心组成部分：评估、反馈和指导、发展规划和个人反思。最后，我们讨论了这些因素如何共同作用，以提高学员们的自我意识，改进以创造为导向的职业和人才管理方式。

评　估

MAD 课程的基础是各种各样的自我测评活动。学员们需要完成三种不同的测评：

- DISC 问卷，提供有关行为风格倾向的洞见（Target Training International, n. d.）。
- 职业锚自我评估，提供有关推进职业选择和提升满意度的动机的洞见（Schein 2006）。
- 我们专门为此项目开发的多级问卷调查（360度）。

阅读作业和课程讨论促使学员们评估他们的学习风格（Kolb 1976）、社交网络结构，以及社交网络和社交技能的强度（Bolt 2005；Ibarra and Hunter 2007）。

随着课程的深入，我们会引入新的评估数据，学员们可以通过小组讨论和个人反思来理解评估数据的含义。我们提醒学员们，没有什么数据或评估工具是"他们是谁"的最后定论；相反，学员们必须解释他们获得的数据，以发展他们的自我意识并确定他们的方向。以此为依据，我们教导学员们采用创造方法来树立自己的职业生涯目标。

学员们在自我评估过程中使用的创新工具之一是多级问卷调查。该工具的优势在于它提供了对创业领导力至关重要的五项能力的调查反馈。五项能力如下：

- 创造力、创新和创业精神。
- 领导力、教练、团队合作和变革管理。
- 进行决策和解决问题。
- 商业头脑。
- 道德、伦理价值观和法律。

这些能力与认知双元思维、SEERS、自我和社会意识相关联。

学员们至少要邀请10个人参加匿名的在线调查。我们鼓

第八章
我是谁？学习和利用自我意识

励学员们寻求反馈，以帮助他们更好地理解其在实践中而不仅仅是在课堂上的有效性。我们还鼓励学员们邀请从事不同性质工作的同事给予反馈，这些同事对他们的技能可能有不同的看法。

邀请他人参与调查的过程甚至也有助于培养学员们的自我和社会意识。学员们要学习如何邀请评价者、如何解释评价者的反馈，这对他们的学习很有价值。通过理解互惠的问题，这一征求评价者反馈的过程帮助学员们发展了人际交往技能和人际网络，并鼓励他们将评价者视为正在发展中的潜在合作伙伴。这种反馈的有效性体现在一个学员的评论中：

> 这个反馈比我所预期的更加一致和可行。这是我第一次做360度测评，反馈比我过去收到的经理评估有用得多。360度测评深入细节，如大家有一个非常一致的意见：我没有在早期的会议中表达我的个人意见。……我要牢记在心的这些利益相关者也是填写360度测评表格的人，对于我是否在努力改善我的工作，他们肯定会成为很好的参谋。
>
> ——投资管理公司副总裁

反馈和指导

MAD课程的一个重要理念是，自我意识和职业发展不会凭空发生。练就这种洞察力需要有意识的努力和与工作伙伴的积极沟通。学员们被教导要运用创造方法来主动地推动其发展。他们也懂得通过人际网络寻求反馈的重要性。这种反馈使他们从不知道自己不知道什么，到知道自己需要做哪些改进，直到可能成为某一特定能力领域的专家。

如果天赋确实是一种态度、行为和技能表现卓越的形式（Buckingham and Coffman 1999），创业领导者就应当创造一种方法来获得关于自己做得怎样的反馈，这样他们才能发现和发展天赋。

在教导学员们发展自我意识的过程中，MAD 课程也向他们展示了如何提供反馈以帮助他人发展自我意识。学员们认识到将观察和主观推测区分开来的重要性。他们要学习如何暂停判断，转而提出问题，以弄清楚要如何解释所观察到的情况。这种技能不仅在提升社交技能方面特别有价值，也是创业领导者在测算和评估各种机会时必须使用的技能。

在这一阶段，学员们学到的最后一项技能是，作为教练式管理者意味着什么，以及如何将其与创业领导力联系起来。通过对教练式管理者概念的学习和理解（Hunt and Weintraub 2002，2010）、面对面的教师指导，以及旨在加强积极倾听和开放式提问的实践练习，学员们磨炼了各自的教练技能。

在课程后期，当 360 度反馈报告返回时，学员们结成相互学习的伙伴关系，测试各自的教练技能，帮助各自的伙伴解释测评报告。学员之间相互学习的伙伴关系贯穿了整个课程，学员们说这种经历帮助他们理解了自我评估过程，并为他们在工

第八章
我是谁？学习和利用自我意识

作场所指导他人做好了准备。

发展规划

课程的高潮阶段是确立个人发展规划，也是发展学员们的自我意识和创造性职业管理方式的重中之重。制定发展规划要求学员们根据自己的职业志向，对评估结果和反馈进行反思。鉴于他们的职业志向，他们还被要求确定两三个基于自身能力的发展目标，以便在职业发展上取得进展。对于许多参与者来说，这种反思的过程、对志向的认知、基于能力的发展目标极具挑战性。这个练习通常是学员们第一次被迫有意识地去了解自己，以及了解这是如何与他们的职业联系起来的。因此，他们经常需要得到一起学习的同学和教师的支持，以诚实和认真地完成这项自我探索工作。

在打磨学员们的发展规划时，我们鼓励他们利用挑战、评估和支持的框架——这是他们在课程早期就了解了的概念（Van Velsor and McCauley 2004）。虽然自我评估本身是有价值的，但只有当自我评估与行动相关联时，创业领导者才能获得真正的洞察力。当学员们制定各自的发展规划时，我们提醒他们有必要找到一个对他们有针对性的发展式学习提出挑战的机会，具体说明他们将如何评估其学习过程，并确定可以提供支持的资源或人员。在这里，我们再次提醒学员们，当他们将这种创造方法应用到其职业发展中时与他人产生关联的重要性。

在发展规划创建阶段，学员们还要考虑规划的可行性。他们必须考虑他们所提议行动的政治环境，这样才能创造双赢的机会，朝着他们的发展目标和职业志向前进，使组织和自己都受益。如果学员们能够通过这种方式规划职业志向，他们将更有可能赢得机会、资源和支持，以制订他们的学习计划和提升他们的职业兴趣。

发展规划流程的最后一个要素包括与一个利益相关者的对话，以"现实地测试"一个人的想法。学员们自己确定一个关键的利益相关者，这个利益相关者和其发展有着切实的利益关联。在本课程的最后一周，学员们被要求与该利益相关者讨论他们的发展规划。对这段对话的反思可以补充和完善其发展规划，也是他们撰写个人反思博客的最终话题。学员们认识到，与关键利益相关者进行这些关于自我和职业的对话是可行的。下面的评论说明了这一点：

> 我不得不说，我对这次会面感到非常惊喜。她（经理）真的很投入，结果我分享的东西比计划中的多得多。她还坦率地分享了自己的经历。她非常支持我，并承诺支持我所描绘的一些机会和建议，这些建议被纳入我的最终计划之中。
>
> 我们不仅相互了解得更多，知道了各自的优势和劣势，而且我认为，看到我在职业生涯中所采取的策略并将其与公司的需求联系起来，也让她更加尊重我了。
>
> ——软件公司产品营销总监

第八章
我是谁？学习和利用自我意识

总之，对参与者们来说，这些对话强化了其自我意识的需要，并有助于他们利用对自我意识的理解掌握各自的职业发展机会。

个人反思

贯穿 MAD 课程的一个关键主题是，个人反思对于一个人的职业和专业发展以及作为一个创业领导者的发展无比重要。学员们认识到，个人反思是培养深度自我意识和激发创造导向方法的基本能力。

个人反思经由博客的使用在课程中发展起来。每隔一周，学员们必须对以他们一周的工作为参考而给出的特定提示做出回应，并反思这对他们的意义。教师们审查这些私人博客，并向学员们提供反馈、提出问题并发表见解。个人反思博客有助于学员们养成在其职业生涯的不同方面之间建立联系的习惯，并将他们的激情和兴趣与其职业关联起来。教师的回复促使学员们进一步思考或考虑其他可能性。

最后，反思博客要求学员们不仅要反思他们与利益相关者的对话对自己职业发展的价值，还要反思他们在如何促进其直接下属的发展方面所取得的成果。课程的双重焦点通过反思博客形成了一个完整的循环。学员们被反复提醒，作为创业领导者，他们必须思考自己作为个人和人才管理者对发展的责任。

许多学员在他们的职业生涯中形成了每周或每两周撰写反思日记的习惯。一旦掌握了节奏，看到自我反思的力量，他们

> **新型创业领导者**
> 培养塑造社会和经济机会的领导者

就不想失去自我反思所提供的机会。这是创业领导者受用一生的技能,这种技能帮助他们考虑如何采取行动,以及这种行动是否基于一种开放和包容的世界观。

建立自我意识的主导权

自 2006 年起,MAD 课程已教授了 20 多次,学员为约 750 名在职专业人士。本章的引言说明了学员们对课程的积极回应,个人的自我反思也表明,学员们利用学习经历为自己创造了新的机会,并积极尝试新的人才管理方法。学员们的课程评估表明,MAD 课程为他们提供了一种了解自己和他人的新方式,该课程所教授的技能对创造性地发展他们的职业至关重要。

除了这种直接的影响,后续研究证据也表明,MAD 课程对创业领导者的长期职业发展有很大的影响。在一项研究中,90 名课程学员被要求在完成课程 18 个月后,针对他们的发展规划撰写一份不打分、不公开的报告。具体来说,学员们被要求重新审视他们前一年制定的 MAD 发展规划,并考虑以下三点:

- 他们已经取得的进步。
- 他们的规划可能因经历而改变的方面。
- 现在面临或预期未来会面临的挑战。

第八章
我是谁？学习和利用自我意识

　　他们还被要求考虑迄今为止起作用的因素有哪些，他们下一步的步骤和承诺可能是什么。为了表示对他们所花费时间的认可，研究参与者还从授课教师那里得到了关于他们自我反思的反馈。

　　我们的数据分析表明，发展规划是一项非常有价值的行动实验，可以帮助创业领导者增进他们对自身身份的理解，提高他们利用这种理解获得发展式学习的成果和实现职业抱负的能力。通过内容分析，我们对比了学员们 18 个月前写的发展规划，考察了他们的事后反思。采用 Hall（2002）的职业管理活动和绩效评估标准，我们对职业认同和工作绩效的反馈进行编码，然后研究那些认同感强且绩效结果显著参与者的发展规划与那些认同感较弱且绩效结果不显著参与者的发展规划有何不同。

　　我们发现了高绩效/高身份组和低绩效/低身份组之间的两个明显区别。首先，高绩效/高身份的学员们在其规划中显示的自主程度有所不同。这些学员创建了发展规划，这些规划展示了深刻的自我反思、对反馈和自我评估数据的综合使用及个人的诠释，以及对自我评估和职业目标之间关联的理解。其次，高绩效/高身份的学员们在其规划中表现出的主动性和意向性水平有所不同。

　　这些结果表明，MAD 课程具有教授学员们形成具有主人翁意识和使命感的技能的潜力——这两种技能对创业领导力都至关重要。主导个人的发展并非易事，需要个人的投入。学员们需要有足够的激情，愿意根据现有的评估数据和反馈进行自我反思。为了开发这种具有主人翁意识和使命感的技能，学员们需要将自己的兴趣与职业目标关联起来，并承担起弥补能力差距以实现这些目标的责任。

立足于自我评估和职业志向，学员们确定学习目标以及实现这些目标的行动计划，从中获得行动的方向和动力。他们在展现创造导向的行动时也会提升意愿，如他们会主动地为行动计划的实施寻求资源和反馈。

对于教授 MAD 课程的教师来说，后续研究为进一步注重培养学员们的自我和社会意识能力提供了动力。重要的是要向学员们强调，职业生涯，像其他任何组织的努力一样，往往是多方协商的结果，这意味着创业领导者必须知道自己想要什么，并采取行动来提升兴趣。

这一信息另一方面的含义是，在这些创业领导者所在的组织中，他们可以通过积极培养领导与管理人才来推动社会和经济机会。对于企业家和他们所在的组织来说，设定激励目标，凭借挑战来提升能力，使人-岗适配，持续地提供反馈和支持——这些都是企业战略成功的基本秘诀。在一个越来越不确定的世界里，职业发展不再是线性的，而是曲折向前的，帮助他人明晰自我意识和个人发展规划是创业领导力得以发展的重要基石。

第八章
我是谁？学习和利用自我意识

结　论

本章一开始，我们就讨论了管理教育与帮助学员们在目前或未来的组织里培养对目标和能力的自我意识的要求之间存在明显的缺口。目前对管理教育和更广泛意义上的管理发展相关性的批评，需要的不仅仅是单门课程的改变。

我们的经验表明，引入自我评估和职业发展规划可以成为创业领导者采取行动去规划其职业生涯及塑造其领导的人才的一个重要步骤。如果这些机会既提供适当的概念提示，又提供进行反思和规划的心理及课程空间，就能使创业领导者提升其所需的技能和洞见，以塑造与个人激情、能力有关的社会和经济机会。

参考文献

Bennis, W. and J. O'Toole. 2005. "How Business Schools Lost Their Way." *Harvard Business Review* 83（5）: 96-124.

Bolt, J. 2005. "Networking Smarter: What's Your NQ?" *Fast Company*, October 10. http://www.fastcompany.com/resources/learning/bolt/101005.html.

Brady, D. 2010. "Can GE Still Manage?" *Businessweek*, April 15. http://www.businessweek.com/print/magazine/content/10_17/b4175026765571.htm.

Buckingham, M., and C. Coffman. 1999. *First, Break All the Rules: What the World's Greatest Managers Do Differently.* New York: Simon and Schuster.

Feldman, D. C. 2005. "The Food's No Good and They Don't Give Us Enough: Reflections on Mintzberg's Critique of MBA Education." *Academy of Management Learning and Education* 4 (2): 217-220.

Goleman, D. 1995. *Emotional Intelligence.* New York: Bantam Books.

Goleman, D. 2000. "Leadership That Gets Results." *Harvard Business Review* 78 (2): 78-90.

Guthridge, M., A. Komm, and E. Lawson. 2008. "Making Talent a Strategic Priority." *McKinsey Quarterly* 1: 49-59.

Hall, D. T. 2002. *Careers in and out of Organizations.* Thousand Oaks, CA: Sage.

Holland, J. L. 1958. "A Personality Inventory Employing Occupational Titles." *Journal of Applied Psychology* 42: 336-342.

Hunt, J., and J. Weintraub. (2002) 2010. *The Coaching Manager: Developing Top Talent in Business.* Thousand Oaks, CA: Sage.

Ibarra, H., and M. Hunter. 2007. "How Leaders Create and Use Networks." *Harvard Business Review* 85 (1): 40-47.

Kolb, D. A. 1976. "Management and the Learning Process." *California Management Review* 18 (3): 21-31.

McCall, M., M. Lombardo, and A. Morrison. 1988. *The Lessons of Experience: How Successful Executives Develop on the Job.* New York: Lexington Books.

Michaels, E., H. Handfield-Jones, and B. Axelrod. 2001. *The War for Talent.* Boston: Harvard Business School.

Mintzberg, H. 2004. *Managers Not MBAs: A Hard Look at the Soft Practice of*

Managing and Management Development. San Francisco: Berrett-Koehler.

Pfeffer, J. 1998. *The Human Equation: Building Profits by Putting People First.* Boston: Harvard Business School.

Rubin, R. S., and E. C. Dierdorff. 2009. "How Relevant Is the MBA? Assessing the Alignment of Required Curricula and Required Managerial Competencies." *Academy of Management Learning and Education* 8 (2): 208-224.

Schein, E. H. 1978. *Career Dynamics: Matching Individual and Organizational Needs.* Reading, MA: Addison-Wesley.

Schein, E. H. 2006. *Careers Anchors: Self-Assessment*, 3rd ed. San Diego: Pfeiffer.

Strack, R., J. Baier, and A. Fahlander. 2008. "Managing Demographic Risk." *Harvard Business Review* 86 (2): 119-128.

Target Training International. n. d. Accessed March 3, 2011, http://www.ttidisc.com.

Van Velsor, E., and C. McCauley. 2004. "Our View of Leadership Development." in *Handbook of Leadership Development*, ed C. McCauley and E. Van Velsor. San Francisco: Jossey-Bass.

第九章
背景为何？培养创业领导者的社会意识[1]

> 我们并不是客观地而是戴着"有色眼镜"看待事物。
>
> ——Anaïs Nin

Caitlyn 到加纳这个国家的第一个晚上就被当地的鱼贩们给惹哭了。她到了加纳，很高兴有机会为加纳人提供建议，帮助他们改善业务。然而，在第一次接受咨询那晚，她所在小组的妇女们就公开嘲笑她。每当她提出一个新想法，妇女们都笑着说："你认为这是在哪里——美国吗？"

第二天，Caitlyn 采取了不同的方法。她提出问题，并聚精会神地倾听。这些妇女慢慢地打开话匣子，解释了整个过程——从如何捕鱼到如何在市场上卖鱼。更重要的是，她们帮助 Caitlyn 了解社区如何运作，以及围绕渔业的社会关系和实

---

[1] 本章由 Stephen Deets 和 Lisa DiCarlo 撰写。

第九章
背景为何？培养创业领导者的社会意识

践。虽然 Caitlyn 并没有解决这些企业主的问题，但通过倾听和了解加纳的情况，她提的建议不再天马行空，而是能够与使加纳渔业运转的社会进程相一致。

一种并不激进的观点认为，理解自我和社会背景是解决社会问题、开启新的扩张机会并使全球商业计划在地区层面发挥作用的先决条件。这一原则成为许多组织战略的基础。例如，自诩为"世界本地银行"的汇丰银行（HSBC），将这一理念融入其无处不在的 2009 年"不同价值点"广告活动中（Financial Brand 2009）。基于"差异创造价值"的信念，汇丰银行开展了一项非常成功的广告活动，使受众在许多话题上考虑个人观点，并认识到世界各地存在许多相互矛盾的观点。

例如，一幅印刷广告展示了三张同样的照片，它们被并排摆放在一块制作精良的波斯地毯上。"装饰"（décor）这个词被叠加在第一张照片上，"纪念品"（souvenir）这个词被叠加在第二张照片上，"祈祷地"（place of prayor）这个词被叠加在第三张照片上。另一幅印刷广告展示的是一辆美国经典跑车沿着绿树成荫的道路飞驰的照片，第一张照片被冠以自由，第二张照片被冠以地位的象征，第三张照片则被冠以环境污染者。汇丰银行表示，这次广告活动呼应了该组织在关注当地社区的观点及实践时所面临的同样的困境（Green 2008）。

正如这些例子所说明的，仅仅认识到不同的观点和当地环境的背景差异是不够的，创业领导者还必须知道如何运用这种认识来指导行动。为了培养这种理解力，我们与学生们一起反思其身份和偏见，以及对世界运行方式的假设，并考虑这种世界观与他们所处环境的对比。如果创业领导者能够立足于当地环境考虑特定的观点和实践，那么他们就能够成功且负责任地找到变革的途径。

在第八章中，我们概述了培养创业领导者自我意识的创新方法。在本章中，我们将超越个人的视角，探讨培养社会意识的重要性。

考虑社会背景的必要性

在过去 20 年里，我们已从单一的"客观"的商业和管理实践的观点，转向越来越强调个人观点和文化如何塑造我们的"客观"现实。例如，行为经济学就是基于这样一种认识：个人的欲望、情感和心理特征会对经济决策产生影响（Kahneman and Tversky 1979；Simon 1996）。这已经扩展到更广泛的认识，即文化和社会规范决定了个人在经济交往中的价值评判。

法国社会学家、人类学家和哲学家 Pierre Bourdieu 的著作对于增进我们对个人行为与社会结构之间关系的理解具有特别大的影响。为了弥合关于个人行为与社会结构之间关系的争论，Bourdieu 和 Wacquant（1992）从这样一个观点开始：我们每天所做的大部分事情都受到非正式规则和无意识决策的支配。我们的个人行为反映了我们在不同"领域"中的行为的社会化，"领域"可以是任何方面的，从一个社区到一个学科，

第九章
背景为何？培养创业领导者的社会意识

从一个公司的部门到一个国家。

例如，学生们很容易就意识到，他们周六在夜总会的目的和行为与周日同家人在一起的目的和行为不同，也与周一在教室里的目的和行为不同。他们也意识到，他们通常不会有意识地去思考自己在每个场景中如何行动。因此，对于创业领导者来说，要了解一个人如何形成其兴趣，就必须了解塑造行为观念的信念、规范和观点。

Pierre Bourdieu 关于个人与社会结构之间关系的观点已经嵌入许多重要的管理原理中。例如，当学者和管理者们讨论组织文化时，他们指的是个人与社会结构之间的关系。在将文化与战略联系起来的过程中，我们教学生们理解文化价值和规范是如何引导个人行为走向集体行动的。在讨论社会化时，我们教管理者们如何主动地将个人引入组织情境，并帮助他们快速而轻松地调整行动以适应这种情境（Rollag, Parise, and Cross 2005）。

这些讨论对于向管理专业的学生介绍情境这个概念很有用，但还不够深入。创业领导者需要掌握相关知识、提升相关技能，以充分理解社会身份是如何产生的、身份对社交网络的构建具有怎样的重要作用、规则和制度如何塑造行为，以及情境如何影响决策。通过了解社会身份——包括我们自己和他人的身份——的构建方式，创业领导者会探索规范性假设和行为，而这些假设和行为会影响他们推进新思想的能力。

例如，Better Place 公司的首席执行官 Shai Agassi 就对汽车行业的群体思维提出了批评。他相信，大型汽车公司认为，人们使用汽车的方式将保持不变。因此，这些公司会过于关注提高燃油效率和维持基于汽车销售的财务模式。Agassi 认为，汽车的电气化可能会改变人们使用汽车的方式，并从根本上改变人们对汽车的看法。我们用"认知枷锁"这个词来描述个人（独立地或集体地）因未能以创新的方式审视问题而导致决策失败的情况。当认知枷锁启动后，一个人就会更盲目、更努力地尝试，而不会认识到我们行为的因果效应可能是历史的或文化偶然性的，我们的行为可能需要根据不断变化的环境而做出改变（例如可参见 Blyth 2001）。

此外，当创业领导者试图推动机会向前发展时，经由社会建构所产生的身份会有利有弊。理解某些观点被赋予特权就意味着你必须意识到另一些知识、见解和行为方式可能会被低估，甚至被压制。当特别考虑社会地位时，这也是事实，它对个人获取各种社交网络的能力、如何将社交网络用作资源，以及如何通过社交网络调动资源具有重要意义。例如，围绕多样性和包容性的组织倡议是要让我们认识到那些在历史上被边缘化的人的价值，他们提供了我们因不具有包含不同观点的网络而正在失去的洞见。

因此，深入理解身份和背景对于发挥解决问题的创造力非常重要。在这方面，重要的是要指出，Bourdieu 不仅谈到我们的行为如何反映和加强社会规范，而且谈到我们如何以修正和挑战这些规范的方式来采取行动。创业领导者应当将文化和社

第九章
背景为何？培养创业领导者的社会意识

会实践既视为一种约束也视为一种资源。因此，在开始新的努力时，创业领导者可以决定是接受作为一种约束的文化，还是改变现有的社会实践和信仰并付诸行动。

培养创业领导者的社会意识

尽管创业领导者需要了解自己的身份、培养自己的社会意识这一点很明显，但挑战在于，这些想法很少在商学院或管理发展项目中被传授。缺乏对社会背景和各方观点的深刻理解，主要关注经济利益最大化，这是近期对管理教育批评的核心所在。

商业课程缺乏情境式学习机会的一个原因是，人们对管理情境、组织文化和员工视角等领域的相关研究持怀疑态度。研究人员为了能捕捉、研究和翻译情境中的灰色区域，通常必须采用定性的、民族志的研究方法。由于定量研究仍然是大多数管理学科的主导范式，因此定性研究成果常常被视为趣闻轶事。在管理学学会接受和重视定性的社会科学研究方法之前，我们并不期望管理学专业的学生能够找到许多学习机会，使他们能够从不同的视角来研究企业或行业背景（Van Maanen 2011）。当然，另一种可能是将其他学科，如设计研究或本章后面介绍的课程纳入管理教育。

我们认识到，教任何人（特别是管理学专业的学生）在决策中考虑身份、背景和观点都是很复杂的。当学生们了解新观

> **新型创业领导者**
> 培养塑造社会和经济机会的领导者

念时,他们必须承认自己的偏见和预设,并愿意接受新数据的挑战。因此,我们必须精心设计关于观念和背景的学习项目以实现这些目标。本章关注的是通过接触"异国"文化来建立社会意识的学习机会,但我们也要承认,在离家近的地方创造同样的体验也是可能的。

例如,在我们的课程"开明的企业家"(The Enlightened Entrepreneur)中,我们发现当地文化研究提供了一个很好的学习机会。在一个练习中,学生们选择一个人并调查和询问其某一特定行为的频率,比如学习或饮食习惯。经过一周的观察,学生们发现其关于行为的陈述和实际行为之间有很大的差异。在课程中,我们讨论了是什么促使人们自觉或不自觉地进行错误的报告,这些倾向是如何被社会建构的,以及可接受的或可取的观念是如何嵌入特定文化中的。

这个练习传达了讲故事的真谛——一个故事,而不是它本来的面目可能是我们更想要的。这个练习让学生们接触、参与和追踪当地企业的日常活动,以把握社会创业者所生活的世界的精髓。在这种"熟悉"的环境中,学生们预计他们不会发现任何新的东西,因为他们读过关于社会创业的书籍,并且相信自己了解这个领域。这个练习被证明是一个有价值的教训:单纯接受书本所描述的,只是人们尝试了解周围世界的诸多重要来源之一。

在下一节中,我们将重点介绍另外两个学习项目,这两个项目是我们创建的,目的是教未来的创业领导者如何认识并响

第九章
背景为何？培养创业领导者的社会意识

应社会课程。一门课程涉及文科领域，另一门涉及商业领域。因此，课程设计是不同的，遵循不同的概念结构。尽管存在这些差异，但你会注意到两门课程之间有许多相似之处。两门课程都是从校园面授开始的，都提供背景概述，然后进行一次短途旅行，探索另一个国家及其背景。当处于那个国家时，学生们被鼓励观察、倾听和参与。通过这种方式，项目鼓励顿悟和反思。观察者和参与者之间的自然切换，有助于学生们在本地和全球的日常生活中识别外来事物，并全面审视当地规范和价值观的社会建构。通过发展对身份和行为的起源及本质的理解，这些未来的创业领导者就有可能在自己熟悉的和迥异的环境中创造新的互动方式。

支持加纳当地的发展机会

五年来，我们开设了一门短期课程，学生们在加纳的塞孔迪-塔科拉迪（Sekondi-Takoradi）教当地人创业和制订基础的商业计划。大多数学生在加纳遇到的社会背景与他们自己的迥然不同，这迫使他们质疑并重建其对商业和创业的一些基本信念。他们了解到，自己关于经济理性、成功的营销和财务管理的知识在文化上并非必然。换句话说，在美国，甚至在发达国家被认为普遍适用的准则，在加纳的城镇根本不起作用。

这门海外课程以学生们在加纳为期一周的经历展开。在此期间，学生们在高中工作，教当地学生撰写商业计划书，并指导他们为参加基于该项目创办的商业计划竞赛做准备。课程参与者们还为成年人提供商业咨询。在项目要求之外，参与者们还建立了一个小额基金，并扩大了一个现有的项目，指导当地的高中生给小学生讲授储蓄的重要性和其他基础的经济学课程。

在前往加纳之前，参与者们要上三个周末的预备课程，其中广泛介绍了关于加纳和非洲的历史、政治和文化背景。课程的重点是关于国家能力更广泛的理论观点的讨论、不同身份群体之间的争论，以及关于发展趋势的辩论。最后，我们讨论了加纳的商业环境和教育体制，因为参与者们将在这些方面互动最多。虽然这些讨论提供了背景情况，但我们知道，要充分理解背景和观点上的差异是很困难的，除非我们亲自面对这些差异。因此，当一个人专注于帮助创业领导者理解观点和背景时，重要的是给他们机会让其亲身体验不同的社会文化。

在加纳，我们有许多独特的方式来组织这个项目，帮助参与者们发展技能，以识别和应对背景及观点的差异。参与者们要面对无数的情况，这些情况与他们自己对世界运行方式的心理构图完全不符。整个体验对参与者们根深蒂固的观念提出了很大的挑战。一位参与者回忆他在加纳高中教学的经历时说：

> 在离开自己的国家之前，我完美地描绘了如何教加纳的学生创业的蓝图。然而，就像任何探索之旅一样，在某些时候，你必须离开你的蓝图。仅仅掌握创业学或了解文化和价值观的差异是不够的。我们必须了解加纳的学生。

第九章
背景为何？培养创业领导者的社会意识

他们学习的动力是什么？他们看重什么？他们如何看待自己生活的世界？哪些事件塑造了他们的生活？只有在问了自己这些问题之后，我们才能真正地站在学生面前，让他们参与进来。

与成年人一起工作也能促成很好的学习机会。在这些课程单元里，学生们单独与一些人打交道，这些人拥有他们自己及其家人赖以为生的公司。下面我们将分享两个这样的学习时刻，以描绘这些情况是如何使学生们突破其认知枷锁，并理解社会意识对提升创业领导力的重要性的。

在第一种情况下，学生们给一位女士做咨询，她出售由面粉和黄油做的薯条。这位女士把薯条装成一小袋一小袋，然后把小袋子放进一个大碗里，她头上顶着这个大碗，四处兜售，镇上的许多女士都和她一样。她请学生们帮她出出主意，如何在不花钱的情况下更好地兜售自己的薯条。

在考虑这个问题时，学生们最初注意到的是，这位女士做的生意既没有公司名称和固定地点，也没有办法差异化产品。这项业务与以往任何一项业务都不一样，与学生们所学的品牌和营销课程毫无关联。这位女士极度缺乏资金，这使问题变得更加严重。她和在镇上卖东西的其他人一样，很难想出其他好法子。当学生们关注这位女士的身份和背景时，他们从预测性思维转向创造性思维，考虑她能获得的资源。学生们发现这位女士的声音很好听，于是鼓励她利用这个资源，在兜售时沿路大声唱歌，这样人们更容易找到她，后来她因此被人们称为"唱福音的薯条女士"。

在另外一种情况下，学生们与一位女士合作，这位女士以5加纳赛迪斯（GhC）的价格在城里购买鞋子，然后以5.50加纳赛迪斯的价格在农村地区销售。然而，她所有的顾客都凭借自己的信用购买鞋子，并承诺在两周内付款。两周后，她的顾客会告诉她，他们还无法全额支付，要再过两周才可以。当然，每个人最终都会支付。与此同时，这位女士因顾客赊账过多而没有钱买更多的鞋子，也没有钱给她的孩子们买食物。如果她不赊账销售，她相信顾客会从另一个赊账销售的卖家那里购买。虽然对学生们来说这很难理解，但当深入询问一些问题后，他们发现了一个更深层次的原因：这位女士从内心里担心如果她不赊账销售，人们就会称她为坏基督徒，并且排斥她。由于销售惯例是一种无法改变的约束，因此学生们帮她探索了一条道路，以更省钱的方式进行一个缓冲。

通过一个提问和反思的过程，学生们终于理解了宗教在加纳文化中扮演的不同角色。除了教堂或清真寺，加纳很少有活跃的民间社会组织，特别是在该课程开展的地区。正如这个例子所说明的，低犯罪率和契约的履行，似乎反映了是宗教价值观和教堂及清真寺的力量，而不是公民文化，对成员的行为进行规范。宗教也是加纳社交网络的核心。多年来，许多加纳人都告诉学生们，虽然他们在自己的教会里并不真正信任任何人，但他们甚至从未考虑过与其他信仰的人做生意。对于那些

第九章
背景为何？培养创业领导者的社会意识

很少考虑宗教和宗教背景如何影响商业决策的北美学生来说，理解宗教的重要性使他们能够探索解决加纳创业者所面临问题的根本不同的方法。

通过这些体验，学生们也了解了为什么会存在背景差异。虽然有些差异主要反映了宗教角色的不同，或者大多数人永远缺钱这个事实，但另一些差异则是因政府政策的不同而出现的。例如，在加纳很少有人保存商业记录。因为加纳的独资企业无须纳税或遵守其他需要记账的规定，所以记账的情况不会发生。结果，商业往往是家庭关系的延伸。

例如，若一个人有一间杂货店（通常是在房子前面卖饮料和肥皂等东西的小摊子），如果他的孩子们渴了，他们就会从杂货店里拿苏打水喝。由于没有考虑到家庭消费，因此很难确定这项业务的盈利能力。学生们了解到，他们如何应对这些地方性差异将取决于这些行为是否与社会行为、政府政策、文化历史或其他背景因素有关。这种学习是必要的，因为它帮助学生们构建策略以应对身份和背景的差异。

项目设计的最后一部分是学生们在结束加纳这段海外经历返回本国后，被要求写一篇论文，结合他们在加纳的观察、采访和经历，探讨他们去加纳访问前确定的工作主题。由于大多数学生选择的主题都与社会实践有关，因此这给他们提供了一个观察的焦点，以及一个让加纳人参与到与其生活相关的交流对话中的途径。这篇论文巩固了学生们的学习成果，迫使他们批判性地反思自己的经历，真正地探索存在于加纳社会中的深层次和多样化的观点。正如一个学生指出的那样,"只有在反思我们的经历之后,我们学到的经验教训才真正得到吸取"。与经历有一定的距离后,参与者可以反思自己对加纳的假设,并探索未来将如何应对不同的背景和观点。

探访土耳其的社会创业

在另一门短期的海外选修课中,我们用了不同的学习经历教导学生们认识到社会意识和环境意识的重要性。在这门以文化人类学为中心的选修课中,参与者们在土耳其花了三周的时间,与一个名为çöp(m)adam的营利性社会企业一起做研究。在çöp(m)adam,从未做过有偿工作的女性学会用废弃物制造有销路的产品。虽然明确的项目目标是了解社会企业和土耳其文化,但隐含的重点是使学生们认识到陌生环境的复杂性,让他们在暂停判断的同时采取行动。因此,我们在课程中设计了许多社会实验来促进这种学习。

在前往土耳其之前,学生们参加了一些工作坊,这些工作坊旨在展现学生们对该项目所做的一些隐含假设,以及他们自己的价值观与该项目对在çöp(m)adam工作的女性的影响。

例如,在一次讨论会上,我们讨论了互惠的概念,以及我们如何为这些向我们展示其三周生活的女性做点儿贡献。由于这门课程是关于社会创业的,因此一些学生建议他们可以通过教这些女性创业知识来为她们提供最大的价值。这种回应引发了一场热烈的讨论,讨论的内容包括我们对其他人成为创业者

第九章
背景为何？培养创业领导者的社会意识

的需求所做的一些隐含假设，以及认识到这些假设并非普遍成立的重要性。学生们最终意识到，他们需要通过提问来了解如何最好地帮助别人。由此，他们通过讨论他人的观点及现实情况来考虑身份和社会意识。

在后来的一次讨论会上，当学生们向 çöp(m)adam 创始人之一的 Tara Hopkins 询问如何能帮到她们时，她的回应是建议他们收集软木塞从而最大限度地给予她们帮助。当学生们听说他们最大的贡献就是收集软木塞时，热情明显下降了。这些崭露头角的创业领导者去土耳其是为了改变当地人的生活，改变世界。他们还没有做好思考这个国家可能会改变他们自己的准备——这种经历可能会改变他们的观点和生活。

抵达土耳其后，学生们参加了另一项民族志实验，该实验旨在进一步加深他们对社会背景的理解。学生们参加了一场全市范围的寻宝游戏，其中每个小组都与当地一个讲土耳其语的大学生搭档。当各小组完成实验重新集合在一起时，参与者们分享了他们认为能够描述伊斯坦布尔的形容词。对于一个学生小组，生成的列表包括：

- 拥挤的
- 干净的
- 老的
- 有很多足球的
- 有很多穿迷你裙的
- 有乞丐的
- 丰富的
- 有贫民窟的
- 巨大的
- 有很多戴头巾的
- 脏的
- 有很多穷人的

> **新型创业领导者**
> 培养塑造社会和经济机会的领导者

在回顾我们对社会背景的共同描述时,我们问学生们他们是否同意这些描述伊斯坦布尔的形容词。毫不奇怪,他们很快就指出了他们对所列词汇的分歧。来自巴基斯坦的学生认为伊斯坦布尔很干净,而来自美国新罕布什尔州的学生认为伊斯坦布尔很脏。来自北达科他州的学生看到了大量的财富,而来自纽约市的学生则看到了贫困。通过这次讨论,学生们理解了个人身份是如何影响他们对社会背景的诠释的。这重申了在理解别人的身份之前先理解自己的身份的重要性。

课程参与者们也开始理解社会背景下的经验差异。那些去了比较保守的社区的人听说在城镇的另一边有穿孔肚脐、热裤和摇滚乐时都很兴奋。那些到富裕地区旅行的人惊讶地发现,他们对伊斯坦布尔作为一个拥有游艇和豪华购物中心的美丽城市的初步认识,与那些报告看到妇女带着营养不良的儿童乞讨的人的认识很不一致。

虽然学生们最初可能会为自己对社会背景的关注而自鸣得意,但他们很快就意识到任何情况下的经验都是多样的;他们还意识到,他们对背景做了无根据的假设,如果想了解当地的环境,他们还需要接触那些超越了自己经验的人。学生们还了解到,没有唯一的真理,人们很可能在没有真正看到的情况下"看"东西。通过这些实验,学生们发展出在开始行动之前提出问题并让其他人理解社会背景多样性的技能。

一旦学生们理解了不同视角、不同观点的概念,他们就必须在探究这些观点的过程中培养出暂停判断的技能。例如,一

第九章
背景为何？培养创业领导者的社会意识

个学生感兴趣的是了解一位女士的生活如何因新的就业和收入而改变。当她请求翻译人员帮她问这个问题时，翻译人员向她确认了一下她的意思：她问这个问题时已经假设变化确实发生了。针对这个问题的回答要求受访者报告她所发生的变化。但如果她并没有经历过变化呢？通过这样的交流，这个学生学会了用不带偏见的方式重新表述这个问题："自从你开始从事带薪工作以来，你的生活发生变化了吗？"通过这段经历，学生们不仅学会了如何关注背景，还学会了如何不带价值观偏见地提升对背景差异的认知技能。

背景学习通常不能由教师预先设计；相反，它是在一些情形下由学生们自己找出来的。在一次谈话中，一个学生提到，对于那些女性生活在一种如她们的衣服和头巾所彰显的"压迫状态"，她感到愤怒和深深的沮丧。在讨论了土耳其的女性服饰是一种可以彰显政治信仰、地区标识、家庭地位、宗教信仰的工具，或只是审美喜好的文化背景之后，我们鼓励这个学生与在 çöp(m)adam 公司工作的女性探讨这个问题。在讨论中，这些女士说她们宁愿被包裹着。然而，这个学生仍然不完全相信她们的回答是有意识的个人选择。

后来，在一次去贝尔加马的访问中，一位店主邀请这个学生到他的帐篷里喝杯茶。他一边用蹩脚的英语跟她说话，一边走近她，站在她的身边。当她在交谈中转身看向他时，她意识到他正盯着她的背心往下看。她厌恶地站起来，快速离开了。回到团队中，她用一种贬损的口吻说："那个变态狂直盯着我的背心往下看！"在土耳其的这种小镇上，少女和已婚妇女泾渭分明，女游客可以在穿着端庄和以最明显的方式吸引眼球之间进行选择。这个穿着短裤和背心的美国女孩儿，经过在土耳其小镇的旅行，现在已经能够理解不同社会的女性如何而且必须通过妥协做出非常不同的选择了。

结 论

创业领导者要考虑他们对社区的影响，了解他们才能的潜力，并考虑他们作为社会成员的潜在影响。本章的例子强调了教育工作者可以采取创造方法培养考虑不同背景和观点的创业领导者，并使其理解有关背景和观点的知识对他们所要采取的行动至关重要。这些例子依赖相似的教学手段来鼓励学生们鉴别其正在考察的环境，并探索他们自己的身份和背景如何影响他们对问题和可行的解决方案的看法。

创业领导者必须意识到不同类型的学习，包括参与式观察的作用。他们必须准备好观察、倾听，以及就不同观点及实践与他人对话交流。在这里讨论的两种学习经历中，许多课程参与者对情境顿悟的最初反应都是愤怒："他们为什么不能更理性些？""他们为什么不像我们？"只有通过进一步的反思，他们才会意识到他们是如何视自己的观点为享有特权的——其实他们的信念和行为可能并不是"正确的"，而只是众多信念和行为中的一种。到那时，学生们才步入了成为"开明

第九章
背景为何？培养创业领导者的社会意识

的"创业领导者的正确轨道。

这些经历或体验使得创业领导者逐渐明白，他们对热情和激情的关注虽然重要，但并不是想象中创造性地解决问题的全部。即使在考虑 SEERS 时，创业领导者也不能想当然地认为别人想要什么、看重什么。背景和视角是解决方案的基础，而错误的解决方案很容易以正确的理由提出。创业领导者必须发展出探索观点和背景的技能，理解根深蒂固但未经检验的行为模式，并考虑如何以有用的方式解构和重建行为及态度。本章所述的经验使创业领导者能够发展这种技能。

参考文献

Blyth, M. 2001. "The Transformation of the Swedish Model: Economic Ideas, Distributional Conflict, and Institutional Change." *World Politics* 54 (1): 1-26.

Bourdieu, P., and L. Wacquant. 1992. *An Invitation to Reflexive Sociology*. Chicago: University of Chicago.

Financial Brand. 2009. "HSBC 'Different Points of Value.'" *FinancialBrand.com*, July 6. http://thefinancialbrand.com/6361/hsbc-brand.

Green, S. 2008. "A Conflict of Interests? Reconciling the Interests of Shareholders and Stakeholders." Speech given to RiskMetrics Conference, Lausanne, Switzerland.

Kahneman, D., and A. Tversky. 1979. "Prospect Theory: An Analysis of Decision under Risk." *Econometrica* 47 (2): 263-291. http://www.princeton. edu/~kahneman/docs/Publications/prospect_theory.pdf.

Rollag, K., S. Parise, and R. Cross. 2005. "Getting New Hires Up to Speed Quickly." *MIT/Sloan Management Review* 46 (2): 35-44.

Simon, H. A. 1996. *The Sciences of the Artificial*, 3rd edition. Cambridge, MA: MIT Press.

Van Maanen, J. 2011. "Ethnography as Work: Some Rules of Engagement." *Journal of Management Studies* 48 (1): 202-218.

第十章
我认识谁？社交网络的建立和应用[①]

在前两章中，我们阐明了认识自己和自己所处的环境是成为创业领导者的基石。除了已经讨论过的方式，这种认识也是必不可少的，因为它对一个人建立关系和构建社交网络，以获得支撑新想法和组织倡议的能力有所助益。创业领导者对自己的能力、弱点、价值观和动机有着深刻的理解，并基于这种理解，与那些与自己的技能形成补充、分享自己的激情的人建立联系。即使在传统的官僚行政决策环境中，创业领导者也可以学习开发和利用社交网络，推进他们所热衷的想法和战略规划。最后，创业领导者在了解他们自己在社交网络中的位置后，能够敏感地辨识那些处于特定文化背景下的人的利益和观点，并与他们建立联系。

建立人际网络和处理人际关系是认知双元思维的基础。通

---

① 本章由 Salvatore Parise 和 PJ Guinan 撰写。

新型创业领导者
培养塑造社会和经济机会的领导者

过让他人参与共同创造，创业领导者在寻求经济和社会机会的过程中识别并遵循新的方向。参与社交网络对于 Robert Chatwani 建立 WorldofGood.com 至关重要。他对这个想法的热情和与朋友及同事的交流让他找到了 Priya Haji，Priya Haji 帮助他改进了这个想法，他们一起创建了 WorldofGood.com。

作为福特汽车公司的首席执行官，艾伦·穆拉利（Alan Mulally）在恢复和提高福特公司的盈利能力方面所做的工作也离不开社交网络。穆拉利利用社交网络改善与员工的沟通，个性化品牌，与新客户建立更具吸引力的关系。其中一个这样的客户活动就是嘉年华（Fiesta Movement），该活动的重点是利用社交网络推广在美国推出的紧凑型车 Ford Fiesta。在穆拉利支持嘉年华活动的 6 个月里，福特公司扩大了其客户和品牌拥护者的网络。福特公司报告了一些以数字衡量的营销成果，包括即将面市的品牌在千禧一代中 37% 的知名度。此外，社交网络活动带来了 5 万辆车的销量，产生了诸多首次购买福特汽车的客户，以及 3.5 万名试驾者。

在当今世界，技术是创业领导者建立和参与社交活动的核心工具。社交网络技术包括社交媒体、Web 2.0 和企业 2.0——这些技术手段已经从根本上改变了我们可以联系的对象、我们维护相互之间关系的方式，以及我们看待组织与利益相关者之间关系的方式。互联网工具，如博客、维基平台、评级系统、标签和书签系统以及社交网络平台，允许创业领导者和与其有共同兴趣的人建立联系。通过丰富的社交媒体，创业

第十章
我认识谁？社交网络的建立和应用

领导者可以很容易地分享他们对一个创意的激情，并激发他人对这个创意的激情。

由于用户可以通过社交媒体技术（如 YouTube 视频、来自推特粉丝的网络链接等）轻松、快速地生成和消费内容，因此社交媒体的使用呈指数级增长。仅脸书一项，预计到 2012 年，全球 1/6 的人将加入脸书。这些技术创造了对社交网络无与伦比的访问量。

创业领导者面临的挑战之一，是确定如何以一种既能接触到个人和创新又不会过度浪费能源和资源的方式利用社交媒体。个人和组织需要设计一套社交媒体策略，其中包括一系列技术、流程，最终还有管理实践，使他们能够极大地扩展其个人网络的潜在规模和覆盖范围，并显著降低合作的"成本"（Dutta 2010；Li and Bernoff 2008；McAfee 2006；O'reilly 2005）。

在本章中，我们将探讨创业领导者如何利用社交媒体策略来建立和利用人际关系，以推动新创意的开发。

社交媒体和认知双元思维

组织使用社交媒体并不是一个新现象。当今的组织大约有 65% 已经采用至少一种社交媒体技术，博客、维基平台和论坛是其中比较热门的。组织正在用这些技术获取和共享组织内部的知识，促进部门或团队内的协作，并改善组织外部沟通

（Keitt 2010）。维基平台软件已被证明是一种特别有价值的工具，因为它使得规模较大的知识工作者社群能够创造、共享和维护内容并协调活动。到 2010 年，近 50% 的组织使用了维基平台（Koplowitz 2010）。

越来越多的组织正在寻找将社交媒体技术融入其业务功能的方法，通常运用预测逻辑和创造逻辑。运用预测逻辑，员工们用这些工具系统地分析和界定主题专家或具有相似兴趣的员工，帮助自己突破物理空间或组织的界限。因此，这些技术被整合到结构化的人才身上以及知识管理实践和过程中。例如，当这些技术被纳入入职流程中时，新员工能够更快地建立关系并融入组织。

与此同时，社交网络和创造逻辑的关联带来了额外的好处。当创业领导者需要在决策过程中采用一种创新的方法，即以新方式行事时，社交网络，特别是社交媒体，就成为这些行动的基础平台。我们研究过的许多营销活动都使用推特和脸书等社交媒体平台，以测试新的创意和潜在的解决方案，满足世界各地客户的需求。回到 Clorox 公司的例子，YouTube 和脸书被广泛用来确定绿色工程清洁产品的潜在利益和市场定位。下面我们将重点介绍三种独特的方式，在这些方式中，社交媒体对于创造性的决策方法特别有利。

第一，社交媒体的一个有益用途是帮助创业领导者战胜工作当中的不确定性和未知性。研究人员发现，使用社交媒体对于应对环境的高度不确定性和适应客户不断变化的需求更有效

第十章
我认识谁？社交网络的建立和应用

（Wilson and Eisenman 2010）。在未知的情况下，社交媒体使创业领导者能够率先行动，并尝试着获得解决方案。例如，社交媒体使全球技术公司 EMC 能够识别零散的"自由工作"——自发形成的员工群体，他们致力于捕捉在规划或战略会议期间未预测到的新机会。根据我们采访过的 EMC 经理的说法，这些团队正在研究的不可预测的问题包括"全球文化意识、绿色和可持续性、关于数据仓库和虚拟化的市场"。

第二，创业领导者可以利用社交媒体吸引他人参与共同创造。这种模式不同于共享决策，因为通过共同创造，其他人完全参与了结果的塑造和导向。在共同创造的模式下，其结果很可能与创业领导者最初的想法大相径庭。创业领导者面临的挑战是如何激活共同创造。社交媒体是一个有用的工具，可以让领导者与自己的网络建立联系，并让其他人参与共同创造。例如，在营销领域，创业领导者正在利用基于网络的客户社区获得关于潜在产品创意的实时反馈。通过在脸书、推特等社交媒体上发起竞赛和促销活动，创业领导者可以得到客户的帮助以共同创造新的机会，满足企业可能不知道但已存在的客户需求。

第三，创业领导者可以利用社交媒体吸引利益相关者，使其以最少的投资实现商业目标。例如，2007 年，当脸书扩大其支持的语言数量时，一种可能的做法是向数十位专业人士支付巨额费用来翻译网站内容。不过，脸书并没有采取这种方式，而是使用了社交媒体，具体来说就是采取了一种"众包"

的方式——一种成本更低、价值创造机会更多的选择。"众包"指的是将传统上交给指定机构的工作外包给一个规模庞大、身份不明的群体。脸书的用户可以加入"译者社区",并将脸书上的内容用新的语言翻译出来。

这种方式的高效可以通过法文翻译网站看出来——24 小时不间断地翻译,获得 4 000 名用户的支持(Sawers 2009)。通过脸书的翻译应用程序,脸书采用众包的方式让其用户将网站上的内容翻译成 100 种不同的语言。除了省钱,这种方式还使脸书的创业领导者能够将公司推向多样化的市场,并以一种根据当地环境的需要进行定制的方式做到这一点,因为它是由当地代理商创建的(Holahan 2008)。最重要的是,脸书使用社交媒体推进翻译的方式,能够激发社交网络人群的热情和激情,并通过这些用户吸引新用户访问该网站。

帮助创业领导者了解社交媒体

当我们向创业领导者介绍社交媒体及利用社交网络以支持预测逻辑和创造逻辑时,我们关注的是如何运用这些技术与他人联系,以及如何通过网络激发热情。与在组织中一样,管理学课程中的社交媒体应用可以促进学习者之间的动态协作,这种体验可以用来联结现实世界(Wankel 2009)。

在本节中,我们描述了我们开发的两个学习项目,项目中学生们能够通过使用社交媒体(如用户生成的视频、维基平

第十章
我认识谁？社交网络的建立和应用

台、标签和书签系统以及社交网站等）创造新的机会。在展现这些学习项目的同时，我们也提供研究数据来显示这些体验对学生们理解和使用社交媒体的影响。

通过维基平台重新设计案例讨论

基于案例的讨论是每个 MBA 项目和每个管理发展项目的基础。将管理者们聚集在一起，让他们共同理解真实世界的体验，是管理教育的一个标配。除了向管理者介绍新的决策模式，基于案例的教学还使管理者们能够建立联系，并了解到针对相同材料的不同观点。

向创业领导者介绍社交媒体的威力最简单的方法之一就是利用维基平台来提供案例材料。我们采用了 MITRE 公司（Parise et al. 2009）涉及标签和书签技术扩散的一个传统案例，并用维基平台来提供。一般来说，以往一个标准教学案例的撰写和教学过程是这样的：案例作者首先会简单地采访 MITRE 公司的利益相关者，然后撰写出一个纸质版的案例，接着学员们阅读案例材料，并参与面对面的讨论，继而探索问题的解决方案。而使用维基软件，使我们从根本上改变了教授这个案例的方式。

首先，维基平台使我们能够提供从 MITRE 公司员工和信息技术行业专家那里获得的互补性信息。例如，知识管理领域的专家创建了描述知识管理软件、基础设施和市场的内容。该内容被放置在案例主页上的一个补充菜单选项中。这个案例里的两个主要人物（决策者）创建了一个"课堂准备"部分，其中包括从他们的角度来讨论的问题和行动计划。除了这个额外的案例内容，教师使用维基技术在案例和相关数据材料之间创建超链接。随着相关新文章的出现，我们可以每年更新这些链接。

当学员们用维基技术进行案例准备和讨论时，他们还会学习如何成功地利用社交媒体做出决策。例如，作为案例讨论的一部分，每个学员针对与案例相关的文章（或视频或音频剪辑）做书签、标记和评论，然后根据他们在这个案例中发现的有趣内容评论自己和他人的书签。标签浮标出现在案例的右侧并实时更新，以便学员们看到新出现的热门话题。学员们学习利用社交媒体工具进行更有效的交流，并激发自己对创意的热情。

在案例的行动计划部分，学员们学习如何通过使用社交媒体让其他人参与到共同创造的过程中。就像传统的案例讨论一样，学员们被分成一个个小组来制订行动计划。与面对面的讨论不同，这些小组使用维基平台以电子方式生成行动计划。当最终的行动计划被发布到班级的维基平台上时，两位 MITRE 决策者会阅读每个计划并进行点评回复。这些点评可能包括指出每个计划的优点和缺点以及后续的问题。学员们可以回应决策者的询问，并继续就案例或公司提出其他问题。在这一节点上，课程教师也参与讨论。

在最近讲授这个案例时，教师们修改了教学模式，使学员

第十章
我认识谁？社交网络的建立和应用

们能够使用 Elluminate Live[①] 在现场环境中向两个案例中的决策者展示他们的行动计划。位于不同地点的学员、教师和案例中的决策者能够提供演示文稿，并实时接收来自决策者的反馈和问题。MITRE 公司的决策者随后描述了 MITRE 当前的社交媒体和知识管理实践，课程教师则在总结经验教训后结束该课程。

从我们课后收集的调查数据来看，很明显，学员们学到的不仅仅是关于 MITRE 使用社交媒体的行动计划。通过维基技术，他们学会了如何更有效地利用社交媒体来启动一个共同创造的过程。首先，当学员们开始构建一个创意时，他们学会了如何利用科技和社交媒体来有效地收集信息。由于必须使用互联网、文章、视频和博客为这个案例做准备，学员们制定了能够最好地利用大量资源和信息传达其想法的策略。然而，学员们并没有为所有这些数据带来的高度不确定性所束缚，而是通过测试和学习以特定的媒体格式来收集信息减轻这种不确定性。例如，他们讨论了超链接和多媒体内容对于帮助他们理解及内化可用材料的重要性。

学员们使用维基平台，学会了如何通过一种创造方法与他人取得联系并让他人参与进来。他们学会了如何有效地与他人交流自己的想法，对他人做出回应，并为新的创意注入动力。他们还学会了如何使用社交媒体来了解其他课程学员所知道和

---

① 一种用于高等教育的网络会议形式。

感兴趣的内容，以及如何利用同伴的知识推动创意。例如，一位学员评论道：

> 我对云计算一直感兴趣，但我读到的关于这个话题的所有东西都显得陌生或过于复杂。维基平台上有一个云计算标签。从那里，我看到了一段在另一个部门工作的同事 Bill 上传的视频。这个视频很棒，因为它用我能理解的语言解释了云是什么。我以前几乎不认识 Bill，也不知道他做了一个关于云计算的独立研究项目。从那以后，我们见了几次面，他非常乐意和我分享他的项目报告。

正如上述评论所描述的：很多时候创业领导者不知道在他们的网络中谁知道什么。这位学员学会了如何利用社交媒体来补充自己的知识，并利用他人的知识来推进自己的新想法。

对网络和社交媒体的另一种关键学习来自观察教师如何使用社交媒体。教师为学员们建立的混合学习模式（包括在线和课堂形式）提供了多种学习和共享知识的机会。虽然人们倾向于认为异步技术对于传达财务和会计指标等技术内容最有用，但本案例的经验表明，社交媒体对于知识共享是多么有益，而知识共享依赖于让其他人参与到社会建构中来。

采用社会建构主义的方法，社交媒体可以让参与者互相学习，挑战和拓展彼此的想法。异步格式支持丰富多样的对话，参与者可以更容易地访问和共享其他相关知识。例如，在一个传统的面对面的案例讨论（甚至是一个会议）中，项目负责

第十章
我认识谁？社交网络的建立和应用

人常常受限于可以讨论多少想法以及有多少人可以参与。通过维基案例讨论，学员们觉得有更多的机会表达他们的观点，更重要的是，向他们的同学学习。

许多学员表示，在面对面的课堂上，他们有时会被直言不讳的同学吓到，但在网络讨论中，他们会更乐意与所有同学交流。正如一位参与者所说的："有很多有趣的话题可以参与，有更多的参与者参与其中。"教师和学员们都学会了用这种技术来共同创造一种与学员作为创业领导者所面临的未来情况相似的体验。

使用基于维基平台的案例讨论所面临的一个挑战是，对于大多数学员来说，在有能力充分使用这项技术之前有一个学习低谷。在使用维基平台时，教师需要在课程中留出时间，教学员们如何使用该技术。而且，这种边做边学的经验也有潜在的好处。一些学员谈到了学习使用维基平台创建联合内容和在线讨论的好处。通过学习如何在这个项目中创建内容，学员们更有信心在现实世界中使用社交媒体来探索和实现对其创意的支持。

社交媒体模拟

随着大众传媒对社交媒体善、恶、美、丑的广泛报道，我们发现一些创业领导者不愿意使用这些技术了。不属于千禧一代的创业领导者通常拥有自己完善的社交网络、利用社会关系的方式，以及成熟的实践经验，因此经常忽视社交媒体的威

新型创业领导者
培养塑造社会和经济机会的领导者

力。这些领导者并不完全理解的是,社交媒体可以通过多种多样的复杂方式获取新创意,让那些共享创意激情的人参与进来,获得与他人互补的知识和技能。例如,我们合作过的一位创业领导者说:"我原本认为社交媒体与整个组织的生存几乎没有关系,但这门课程让我了解到,我的公司是如何利用社交媒体平台实现营销、品牌推广、客户服务和参与等功能的。"

为了培养善于利用社交媒体的创业领导者,我们必须找到一种新的方式来教授新的实施脚本,以便他们能与社交媒体一起工作。我们创建了"波士顿广告模拟"(Boston Advertising Simulation),这是一种体验式练习,教授崭露头角的创业领导者利用社交媒体产生新创意,并利用他们已经建立的和新的社会关系进行创新。

在这个模拟练习中,学员们为一家虚拟的广告公司——波士顿广告公司工作,他们必须为这家公司的一个客户创建一个外部社交媒体活动。为了让学员们了解视频在社交媒体中的威力,我们以视频作为主要方式与他们进行模拟交流。每周,波士顿广告公司首席执行官 Miranda Priestly 都会为学员们提供一段新的视频,其中包括该活动的一项新任务。通过这些视频,学员们了解了视频在吸引、聚集地理上分散的同伴上的价值。

由于这对许多创业领导者来说是一个真正的挑战,因此学员们立即开始思考如何在完全不同的工作环境中最好地激发他人的热情。此外,因为每一个视频都介绍了新的需求、新的情况、新的要求,所以学员们也学会了应对在未知的和快速变化

第十章
我认识谁？社交网络的建立和应用

的环境下工作的挑战。所有这些未知的环境因素对于创业领导者理解如何最好地利用社交媒体都至关重要。

在模拟过程中，参与者必须利用推特、领英（LinkedIn）、YouTube 和脸书等诸多社交应用程序进行研究并开展广告活动。通过这些活动，学员们可以了解到如何利用社交媒体来重塑传统的市场研究分析方法。他们还学会了在与客户互动时运用创造方法，鼓励客户分享他们可能不知道的数据和想法。由此，学员们学会了利用社交媒体来发展一种兼收并蓄的行动方式。

学员们还了解到，社交媒体可以成为一种独特的工具，为创意带来乐趣、激情和兴奋感。由于社交媒体是技术手段，因此许多学员最初都认为它是一种弱形式的交流，无法建立联系或传递激情。但他们很快就发现，使用社交媒体的乐趣和兴奋感很利于人们建立情感联系，并为新创意注入动力，有时比面对面的交流更有效。通过使用推特和其他社交媒体工具，学员们制定了分享激情和热情的策略，由此开发了利用社交媒体进行共同创造的新脚本。

推特是一个独特的工具，学员们可以用它来保持联系和共享内容。正如一位经理所说的：

> 每个小组都有自己的推特标签[①]。我知道我们组的标签在三个小组里的采用率最高，有人已向我们发起挑战，

[①] 推特标签是描述推文信息的关键词，帮助人们检索具有共同话题的推文。

想要赶超我们！和同学们保持接触真的很有趣，我也从其他人那里找到了一些对我的项目非常有用的材料。

通过这种模拟练习，学员们意识到他们可以轻松地利用网络并更多地参与其中。

这种模拟使创业领导者了解到，社交媒体在接收快速、即时且常常是非常诚实的反馈方面的威力特别大，他们可以利用这些反馈更快地推进新想法，并取得更大的成功。我们邀请社交媒体专家对学员们的社交媒体活动（他们通过 Adobe Connect，采用语音、视频和带注释的演示文稿等多媒体形式来开展）进行点评，向他们介绍社交媒体的这一组成部分。通过视频，这些专家为学员们的演讲提供反馈，受邀使用网络评分系统对他们喜欢的社交媒体活动进行投票和评论。网络评分系统除了简单地提供哪个活动拥有最多选票的数据，学员们还经常能从其提供的数据中获得新的见解，因为这些数据使他们能够以新的方式审视他们的活动。由此，他们能够熟练地使用社交媒体从不同的角度审视一个想法，并利用他人的洞见来修正自己的想法。

帮助创业领导者使用社交媒体的挑战之一是帮助他们认识到其他人，尤其是不同年代的人，对社交媒体所持有的支持和反对的偏见。如果创业领导者要使用这种技术，他们就必须知道如何应对这些不同的观点。当不同年龄、不同背景的学员共同运作一个社交媒体项目时，他们能够洞察他人的观点。正如

第十章 我认识谁？社交网络的建立和应用

一位较年轻的学员所说的那样：

> 在我的工作中，我必须让决策者和股东确信他们需要一个社交软件架构。讨论和实施与社交媒体技术相关的变革管理、领导力和文化理念，真的有助于我思考如何在工作中成功地让别人接受社交媒体。

一些教育工作者经常关注在线教学的潜在问题，但我们相信这些例子说明，在线案例和模拟可以有效地吸引学员们进行体验式学习，模拟他们日后创造社会和经济机会时所需的共同创造方法。

结　论

具有认知双元思维的创业领导者必须知道如何连接和使用社交网络。这些网络使他们能够获得知识和资源，而这些知识和资源既能够补充他们的技能，又能够相互补充，有助于创造新的机会。这些网络还可以促进他们与其他拥有相似激情和共享新世界观的人建立富有成效的关系。在当今技术驱动的环境中，社交媒体是创业领导者连接和激活其社交网络的基本手段。因此，至关重要的是，我们要教未来的创业领导者掌握在共同创造中利用社交网络的技能，以及如何利用社交媒体来实现这一点。当创业领导者充分利用了社交媒体的力量时，他们就拓展了其共同创造社会和经济机会的能力。

参考文献

Dutta, S. 2010. "Managing Yourself: What's Your Personal Social Media Strategy?" *Harvard Business Review*, November.

Holahan, C. 2008. "Facebook's New Friends Abroad." *Bloomberg Businessweek*, May 14. http://www.businessweek.com/technology/content/may 2008/tc20080513_217183.htm.

Keitt, T. J. 2010. *Business Web 2.0 Buyer Profile: 2010* [Forrester Research report], April 28.

Koplowitz, R. 2010. *Enterprise Social Networking 2010 Market Overview* [Forrester Research report], April 22.

Li, C., and J. Bernoff. 2008. *Groundswell: Winning in a World Transformed by Social Technologies*. Cambridge, MA: Harvard Business School.

McAfee, A. P. 2006. "Enterprise 2.0: The Dawn of Emergent Collaboration." *MIT Sloan Management Review* 47 (3): 21-28.

O'Reilly, T. 2005. "What Is Web 2.0: Design Patterns and Business Models for the Next Generation of Software." *O'Reilly*, September 30. http://oreilly.com/web2/archive/what-is-web-20.html.

Parise, S., P. J. Guinan, B. Iyer, D. Cuomo, and B. Donaldson. 2009. "Harnessing Unstructured Knowledge: The Business Value of Social Bookmarking at MITRE." *Journal of Information Technology Case and Application Research* 11 (2): 51-76.

Sawers, P. 2009. "Facebook's Un-Rebellion." *Multilingual*, April/May. http://multilingual.texterity.com/multilingual/200904/? folio = 62#pg62.

Wankel, C. 2009. "Management Education Using Social Media." *Organization Management Journal* 6（4）：251-262.

Wilson, H. J., and E. J. Eisenman. 2010. *Business Uncertainty: 2010 Global Survey Results*. Babson Executive Education report. Accessed March 3, 2011, http://www3.babson.edu/bee/uncertainty.

Part 4

第四篇

作为创业领导者的管理教育工作者

第十一章
传授"做"的新教学法：培养价值驱动行为的创业领导者[①]

迄今为止，我们已经介绍了创业领导力的三项原则——认知双元思维、SEERS、自我和社会意识——并提供了教授这些原则的练习、案例和课程的各种示例。然而，对于大多数读者来说，一个萦绕心头的问题依然存在：我该如何开始？

要实现这一目标，是只能对管理教育进行根本性的变革（这种变革通常是由学术权威推动的），还是也可能从教职员工个人像创业领导者那样行动做起？我们认为教师必须言行一致，身体力行。如果我们倡导学生们必须学习创业领导力，那么我们自己也应该在开发课程和让学生们参加课外活动之时，积极提升创业领导力。我们可以采取行动，改进某一门课程的

[①] 我们要感谢 Mary C. Gentile 协助编写这一章。Mary 是"为价值观赋声"（http://www3.babson.edu/babson2ndgen/gvv/default.cfm）的创始人和主任，也是百森商学院的资深研究学者。她写过很多书，包括《为价值观赋声：当你知道什么是正确的时候如何表达你的心声》（*Giving Voice to Values*：*How to Speak Your Mind When You Know What's Right*；New Haven，CT：Yale University Press，2010）。

新型创业领导者
培养塑造社会和经济机会的领导者

一些章节，或者开发属于我们自己的独特课程，正如本书所阐述的那样。

在这一章中，我们提出了另一种教学法——一种新的教学法——向管理专业的学生传授创业领导力的原则。这是一种独特的案例教学法，我们认为这种方法对于向学生们传授本书所概述的原则特别有价值。这种方法的独特之处在于它的灵活性和适用性——教师可以把它作为一种替代方法来教授现有的案例或主题。通过用这种方法重塑案例讨论，教师能够启发、引导学生们的思维朝向其期冀的行动和分析，使他们致力于同时考虑社会、环境和经济影响的价值观，言行一致。

一种培养创业领导者的新案例法

多年来，管理教育工作者一直依赖案例教学法。案例法的设计目的是在课堂上模拟行为，这样商科的学生就可以学着应用理论并进行分析，而不是简单地阅读和谈论理论。Benson Shapiro 最喜欢用的一个比喻是，基于案例的学习类似于跳下或被扔进泳池里，而不是站在泳池边谈论蛙泳。这一切都很有意义，许多管理教育工作者都喜欢采用这种方法。

今天，关于各种各样组织（非营利组织和营利性组织、政府和非政府组织）管理的新案例被开发出来，讨论具有各种社会、环境和经济影响的情境，研究全球问题。这些案例使人们意识到所有组织所面临的挑战、各利益相关者的权益，以

第十一章
传授"做"的新教学法：培养价值驱动行为的创业领导者

及同时创造社会和经济价值的可能性。其中许多案例都要求学生们做出决策，并且这些决策是需要对情况进行详细分析后才能做出的。通过引入这些案例，我们让学生们接触到新的商业模式、企业责任，以及各种领导技能。这种教学法可以让学生们接触到一些有关创业领导力的基本原则，这对教育工作者来说是较容易的第一步。

然而，当我们试图传授一种创造逻辑，即必须嵌入行动中的教学法时，传统的案例法可能会受到限制。案例法的重点不是真实的行动学习，而是意识和分析。也就是说，它使学生们熟悉他们可能遇到的挑战类型，为他们提供了分析的机会——在预测方法中应用定量方法或框架，并讨论支持和反对各种选择的不同论据。

在某些情况下，特别是对于那些提出伦理决策或讨论社会、环境和经济价值创造之间权衡的案例，这种传统的案例法感觉像是在教学学生们"职业合理化"（一位教授所称），以便捍卫他们对短期股东财富创造的关注（而不管其对社会和环境造成的负面影响）或他们采取可疑行动的决定。

接下来的问题是，我们如何在注重意识和分析的传统案例法的基础上，将重点放在行动和实施上？这一教学困境的解决方案似乎很清楚：我们需要关注的重点不是做决策，而是决策后的行动。我们不仅需要决定做正确的事情，还需要开发一些案例，在这些案例中，主角已经决定了要做什么，并且需要坚持到底。我们不单单提供帮助学生们做出仅经济价值最大化的决策的案例，还需要提供考虑到社会和环境价值的案例。最后，我们要求学生们根据自己的技能、人际关系和风格以及主角的情况或背景来开发实施脚本，而不是只考虑一种方式来实施决策。

实施-脚本案例——由 Mary Gentile 开发的一种新的案例教学法——可以用来教授这些缺失的元素。这门课程被称为"为价值观赋声"（GVV，GivingVoice ToValues.org）。GVV 案例法最初是为了教授商业伦理和基于价值观的领导力。GVV 案例不是问学生们是否该做他们认为正确的事情，而是问他们怎样去做。采用创造方法，学生们通过实实在在地"说"与"做"我们想让他们学习的东西，而形成新的思维方式——不再是单单谈论它，或者更糟糕的是，脱离案例自说自话。他们不是用语言以及哲学和伦理学的说教来解决商业问题，而是开发了脚本，用问题所在学科的语言和工具来解决商业问题。例如，如果他们被迫"篡改账目"，那么用财务会计标准委员会的语言或者更有说服力的论据——投资回报率——将比暗示哲学家辛格或亚里士多德更有效。

当我们让领导者们准备好依据一种完全不同的世界观做决策时，我们应当使他们能够实践和发展自己的技能，以便采取行动并实施决策。我们相信，GVV 实施-脚本案例法是一个有效的工具，可以让学生们参与到跨学科、跨项目的行动式学习中。

第十一章
传授"做"的新教学法：培养价值驱动行为的创业领导者

GVV 实施-脚本案例

与传统的决策案例一样，实施-脚本案例关注的是创业企业或现有组织中特定的业务挑战，并从个案的主角或参与者的视角呈现情况。与传统的案例不同（传统的案例需要做出决策，并进行全面分析才能找到解决方案），实施-脚本的案例研究是在这样的节点结束的：主角已经决定了要做什么，现在需要构建一个行动计划和脚本来完成它。实施-脚本案例向学生们展示了一系列场景，在这些场景中，主角已经知道自己相信什么是符合伦理的或正确的决策，但尚不清楚这个决策将如何被各利益相关者接受，以及如何迈出第一步。GVV 案例与以下事项有关：管理者如何有效地提出这些问题，需要做什么和说什么才能被关注，以及如何在必要时纠正现有的行动方略。

一个 GVV 案例

"整个系统似乎是错的"："Felipe Montez 和对全球供应链的关注"是核心的运营管理或供应链管理课程的一个极好的 GVV 案例。它帮助学生们考虑有关社会责任和供应商管理的问题，以及管理全球供应链的挑战。最重要的是，它要求学生们开发一个脚本，并尝试采取行动。

这个案例展示了这样一种情况：Felipe Montez 受雇于一

家西班牙电子公司，担任采购总监和产品设计师。该公司与中国香港的一家分销商有 27 年的合作历史。FeLipe 第一次到中国时，参观了几家工厂，发现了各种各样的情况，其中最令他担忧的是生产他们公司大部分产品的工厂的工作条件，包括使用童工和不安全的工作环境。他从中国回来后，与经理进行了交流，当时，经理基本不理会他的担忧。在审查了其他行业的惯例之后，Felipe 决定对工厂提出更严格的要求。

这次 GVV 课堂讨论的焦点问题是：Felipe 应如何做到这一点？需要什么信息？什么论点是有效的？需要什么盟友？应该采取哪些步骤以及按怎样的顺序进行？

资料来源：Gentile and Klepper 2010。

实施-脚本案例通常比传统的决策案例简短得多，可能是一个段落或者三四页纸的篇幅。因为案例比较短，所以更具启发性，依靠的是学生们自己的经验和知识以及对外部的研究（如阅读其他资料和对从业人员进行访谈）。出于这个原因，学生们经常受益于团队行动计划的编制过程，其间他们可以分享各自收集的数据和访谈内容。他们也可以通过"同伴指导"和头脑风暴来产生有效及有说服力的脚本，为案例主角的决策提供支持。

采用这种基于团队的方式，课堂讨论从有组织的提问开

第十一章
传授"做"的新教学法：培养价值驱动行为的创业领导者

始，学生们在基于自己的价值观提出某些观点时，会预估有可能遇到哪些质疑。此时，学生们可以运用预测逻辑，评估社会背景，并从多个角度考虑论点。然后，他们一起工作，为如何应对这些争论设计出最有效的脚本，并在同伴面前练习大声说出脚本内容，而这些同伴则代表着他们在工作场所要说服的人。最后，学生们不再像传统的对抗性角色扮演那样批评同伴们的脚本，而是用"同伴指导"来强化和完善彼此的论点。到课程结束时，所有的学生都已经基于价值观建立了一套可信、可行的论点和行动实施方案。

以下是 GVV 案例法的一些优势：

- 它关注的是一些积极的案例，这些案例表明，人们已经找到了在工作中表达自己价值观（或世界观）的方法，而且会去实施。
- 它强调每个人找到使个人目标和组织目标相一致的方法的重要性，而这种一致性是建立在自我评估和关注个人优势的基础之上的。
- 它提供了机会去构思和练习如何对最常听到的不按自己价值观行事的理由及其合理性予以回应。
- 它向领导者们发起挑战，反复为他们提供机会来练习如何回应以做出承诺，如何给予同伴反馈和指导以提高效力。

GVV 案例法以行动为中心，让学生们练习回答"我接下来要做什么"——相对于"我到底该怎么办"。这是认知双元思维的核心。

结　论

为了培养未来的创业领导者拥有认知双元思维的心智模式，并秉持 SEERS 世界观，GVV 课程可以作为第一章讨论的教学方法组合的核心组成部分。GVV 是一次思想实验、一个不断迭代的过程、一种开发和实践价值驱动型领导力的方法——所有的元素都是创业领导力教学法中最重要的。GVV 案例帮助学生们运用预测逻辑，预测利益相关者的观点并予以反驳；还帮助学生们运用创造逻辑，开发新的和创造性的方法，实践以行动来解决问题。

尽管行动式教育至关重要，但行动必须与我们的个人身份相符，以组织和创业企业的原则、目标和手段为指导。而这些原则、目标和手段的目的是让我们遵循 SEERS 世界观。开发 GVV 的目的就是开发一种教学法，让学生们运用创造性思维参与到实践中来，以追寻社会、环境和经济责任与可持续性。GVV 课程要求学生们为由价值观驱动的创业领导者制定实施脚本和行动计划。此外，它还要求学生们考虑如何响应案例中利益相关者的各种需求和观点。从询问"SEERS 是否可以落实"到询问"如何做到这一转变"，是 GVV 教学法的基本前提和要求。

第十一章
传授"做"的新教学法：培养价值驱动行为的创业领导者

最后，当我们谈到创业领导力背后的第三项原则——自我和社会意识时，我们也看出它与GVV案例法相一致。如果创业领导者能够以发挥自身优势的方式构建选择，他们就更有可能依自己的价值观发声并采取行动：如果我认为自己是一个实用主义者，那么，若我能找到基于实用的价值观构建的行动方案，我将做得最好；如果我认为自己是一个冒险家，那么，我会把基于价值观的选择定义为大胆的行动；如果我认为自己谨小慎微，那么，我将把价值观驱动的决策框定为保守的选择。通过脚本编写和实施，GVV帮助创业领导者找到"他们是谁"与"他们说什么和做什么"的一致性。

因此，在一个未知和变化莫测的世界里，当实施领导的唯一方式是"行动"、是去"做"的时候，GVV完全是关于行动的方法，但这种行动应当基于分析和计划，立足于有关决策制定偏差和启发式研究的经验教训。要做到这一点，我们必须先预设假设并做大量文献研究。正如Wilson和Eisenman（2010）所指出的那样，如果全球商业领袖为了更好地做决策而正在"重新定义环境"，那么，GVV案例法完全适合这种尝试。GVV使学生们学到关于创业领导者所面临选择的"新表述"，获得权力，并以创造性及负责任的方式塑造社会和经济机会。

虽然GVV课程只是一种方法，但它是我们在课堂上最便于采用的一种方法。事实上，所有的案例都是免费的，可供任何人使用。我们希望这次讨论能鼓励管理专业的教师也成为创业领导者，身体力行，为我们的学生和未来的领导者开发新的GVV案例、传统案例和其他教学材料。这些教学材料，不管是关于认知双元思维、SEERS 世界观还是关于自我和社会意识原则的，一旦被开发、测试并为学术界所共享，我们就可以改变、推进管理教育的进程。

参考文献

Gentile, M. C., and W. Klepper. 2010. "*This Whole System Seems Wrong: Felipe Montez and Concerns about the Global Supply Chain.*" Columbia CaseWorks Collection (#081803) and Giving Voice to Values program, available at http://www.babson.edu/GVV/Student/4_Individual-Cases-and-Modules/Felipe-Montez_S.pdf.

Wilson, H. J., and E. J. Eisenman. 2010. *Business Uncertainty: 2010 Global Survey Results.* Babson Executive Education report. Accessed March 3, 2011, http://www3.babson.edu/bee/uncertainty.

第十二章
全面课程改革：培养创业领导者的主要举措

在本书中，我们提供了教学案例来说明不同学科和项目的教师如何教导学生们在认知双元思维、SEERS世界观、自我和社会意识等原则的指导下做出决策。然而，当我们考虑如何调整整个课程体系时，塑造创业领导者的最大机会就出现了。当不同学科的教师齐心协力地培养既有核心学科知识又有新思维模式，秉持新世界观的创业领导者时，我们改革管理教育的力量才是最大的。只有共同努力，管理教育工作者才有机会培养下一代创业领导者，也只有这些创业领导者才有能力在不同背景下塑造社会和经济机会。

因此，我们面临的挑战将是管理教育工作者如何进行系统性的改革，将学生的培养目标重新定位到培养创业领导者上来。我们认识到，答案既简单又相当复杂：我们倡导管理教育工作者自己首先成为创业领导者。正如我们教学生们采用不同的思维方式和世界观一样，管理教育工作者也需要在自己所在

> **新型创业领导者**
> 培养塑造社会和经济机会的领导者

的院校中测试和建立新的管理教育模式。

在这一章中,我们提供了课程改革和课外学习创新的例子,这些改革使我们能够将课程体系转向培养新型创业领导者的新模式。值得注意的是,我们的工作正在进行当中。在此,我们将分享我们已经做出的一些改变,以及我们为课程体系而设计的一些拟议变更,我们相信这对于将管理教育重新定位于培养创业领导者是最有用的。

利用多样化的课程改革培养创业领导者

就像任何的学院或大学一样,我们有时也要为实现预期的改革目标而奋斗。多年来,类似于其他管理教育机构,改革面临挑战和困扰:如何让所有教职员工都参与进来?如何在更少的课时内浓缩更多的教学内容?即便如此,我们仍持续向前,因为我们相信教授创业领导力的力量。在本节中,我们将重点介绍迄今为止在实施过程中最成功的课程举措:重新设计核心课程,引入特色学习体验,整合课余学习机会,以及在大学的运营管理中运用创业领导力。

重新设计核心课程

将管理课程的目标重新定位为培养创业领导者的最大胆、最激励人心的方法是深层次地评估每门核心课程,以确定能够融合创业领导力的三项原则的内容领域。虽然这种方法类似于

第十二章
全面课程改革:培养创业领导者的主要举措

任何主要课程的重新设计,但本质上还是有所不同的:我们不是通过引入额外的核心课程将创业领导力的三项原则附加到核心课程中,而是考虑如何把这些原则整合到现有的专业学科课程中。如果想要将创业领导力作为管理教育的统一目标,教师们就必须通力合作,以提升学生们对基于基本原则的知识和技能的理解。

我们最近开始在研究生项目中重新进行这样的设计,并且已经采取一些关键行动来推动这一进程。我们首先成立了一个教师委员会,他们在研究生项目上具有不同程度的教学经验。通过这种方式,确保我们既可以从过去的经验中学习,也可以接受新的想法。该组织的任务是重新设计MBA课程体系,以培养"创造巨大经济和社会价值的创业领导者"。在此过程中,他们关注的重点是如何最有效地将创业领导力原则融入以学科为基础的新课程体系中。

为了将我们的课程体系导向发展创业领导力,重新设计课程体系的教师委员会对每门课程的内容和结构进行了调查,发现许多课程侧重于预测逻辑。同时,没有明确的切入点让学生们学习认知双元思维以及如何在创造逻辑和预测逻辑之间切换。因此,在MBA项目的第一学年,我们引入了一门创业课程,其中的一部分重点是培养学生们的认知双元思维。此外,在第一学年结束时,我们的信息课程能够让学生们利用信息技术来支持预测逻辑和创造逻辑。

为了教授 SEERS 世界观，我们将这一原则融入许多核心课程中。我们正在仔细审查案例和教学示例，以确保学生们能够接触到同时考虑社会、环境和经济价值创造的各种情境。各学科教师也在考虑如何把 SEERS 融入其他学科概念的讨论中。例如，技术和运营管理课程可能包括一个关于可持续运营的模块，营销课程可能考虑"绿色"产品营销，会计课程可能包含第六章中讨论的可持续性指标。

为了培养学生们的自我和社会意识，我们调整了核心课程——组织行为学，以配合第八章所讨论的管理评估与发展课程。在其他明确考虑全球问题的课程，如经济学和战略中，我们正在用概念性材料来培养学生们的语境意识，以成功应对产业、国家和全球环境的变化。在信息技术课程中，我们引入了在第十章中讨论过的社交媒体的概念，以强调网络和共同创造对于创业领导者的重要性，并向学生们展示如何使用这些技术。创业领导力背后的三项原则随后一起融入立誓学习体验（signature learning experiences，SLEs）中。

立誓学习体验

立誓学习体验代表了一种独特的课程设计，以灌输创业领导力的原则。虽然 MBA 誓言（Khurana 2007）是以一种创新的方式来鼓励新的 MBA 毕业生致力于一种职业身份和这种身份的既定规范，但我们并不相信立誓并签名足以帮助他们发展新的商业世界观。我们认为，必须将行动和讨论融入学生

第十二章
全面课程改革:培养创业领导者的主要举措

们的学习中,以便他们接受新的世界观并使其自我和社会意识达到新的水平。

基于组织社会化理论,立誓学习体验旨在教导学生们在心理上认同创业领导力的原则,在行为上懂得运用认知双元思维,遵循 SEERS 价值观并充分考虑自我、情境来做出决策。立誓学习体验可以有多种形式,第一章讨论过的管理和创业基础课程就是一个例子。这门第一学年的课程旨在教授综合管理概念,其主要目标之一是教导学生们成为一个创业领导者意味着什么。通过一个创建自己企业的经历,学生们学习运用认知双元思维和 SEERS 世界观。

虽然向学生们介绍创业领导力的原则很重要,但在整个课程体系中强化这些原则同样重要。正如一堂课的设计模式通常是"告诉学生们你将要教他们什么,展开教学,然后告诉他们你刚刚教了什么"一样,一门强化创业领导力原则的课程遵循同样的模式。我们认为在课程的后面需要有一个学习的机会,以便再次强调创业领导力。要做到这一点,最直接的方法是选择一门现有的顶点课程,并将其重新定位为教授创业领导力的原则。

然而,一门顶点课程往往会向学生们发出这样的信号:他们的学习已经很完备了,几近结束。而针对创业领导力的教学,我们希望强化基本原则,同时还要提醒学生们,他们的学习永远不会"完备"。在本科生和研究生课程中,我们都提出了新的高阶立誓学习体验,重点是强化创业领导力的原则。

新型创业领导者
培养塑造社会和经济机会的领导者

在本科生课程中有一个提议是让教师们根据一个"大创意"——一个具有挑战性的社会或环境问题——来教授不同学科的课程。例如,一个大创意可能是教育、饥饿或气候变化问题。教师们要分别从各自专业学科的视角探讨这个大创意所涉及的问题,但他们也会专注于教导学生们运用创业领导力的原则反思和思考应如何应对挑战。由此,学生们学习运用认知双元思维、SEERS世界观以及在决策过程中加强对自我和社会的理解。

对于某些管理教育课程体系来说,将立誓学习体验作为一门新课程引入可能是非常复杂的。对课程学分的争夺,以及课程要求的不断增加,可能会削弱教职员工对这一方案的支持力度。在这种情况下,骨干教师们可能不得不考虑采用其他创造方法,以便将立誓学习体验融入他们的课程中。

在研究生项目中,立誓学习体验被设计成课程中的短期体验练习、课外体验、全天活动,甚至是入学培训的组成部分。例如,有人可能会考虑用非营利组织或非政府组织的创业领导者的演讲来取代研究生入学培训期间普遍存在的"赌场之夜"(Casino Night)[1],下午或晚上可以组织他们参加社区服务活动。我们可以想象,一天的社区服务和一晚上的"博彩"相比,会有怎样的不同。

---

[1] 赌场之夜是一种博彩和益智的小游戏。——译者注

第十二章
全面课程改革:培养创业领导者的主要举措

课余学习机会

将创业领导力概念嵌入课程体系中的另一种方法是进行课余体验学习——任何与一般课程相辅相成的课外活动,比如学生组织、荣誉社团、体育和社交俱乐部等。

Moffatt(1988)指出,40%的大学生表示课外活动是其教育经历中最重要的一部分。高等教育更注重为学生们提供课程和课余体验以支持他们的学习(Ahren 2009)。基于这一观点,我们将课余学习视为学生们实践成为创业领导者的机会。通过课余体验,学生们能够检验基于预测导向和创造导向的决策,进一步发展他们对SEERS世界观以及自我和社会意识的理解,并以此作为行动的基础。

我们最近推出的一项课余学习体验名为"创业加速器"(见图12.1)。创业加速器由Candida Brush教授和百森商学院其他的教师共同设计,适合有兴趣创办或经营新企业的学生进行创业体验。体验分为三个阶段:探索、追寻、启动和成长。

利用自我和社会意识,学生们"探索"他们可能喜欢做什么、机会是什么,以及适当的行为方式可能是什么。他们还考虑如何运用SEERS世界观同时追寻社会和经济机会。在"追寻"阶段,学生们通过采取行动测试市场、设计原型、塑造机会和撰写商业计划书,将创造方法和预测方法结合起来。他们在组建领导团队时也会考虑自己的社交网络。最后,在"启动和成长"阶段,学生们启动他们的企业,在创造现金流、寻找投资者和营销产品及服务的过程中"激活"体验。随着学生们"加速"完成这三个阶段，他们有机会"赚取"额外的资源，比如办公空间以及通过向教师提出创意而获得指导。

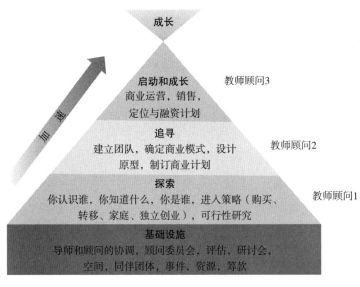

图 12.1　创业加速器

虽然这是一种课余体验，但它确实涉及教师在课堂以外进行的一些设计与监管。每个阶段都有要教授的特定内容。在"探索"阶段，我们提供免费的研讨会，讨论确立合法的商业形式、实现技术商业化、寻找商业机会以及研究确定市场和行业可行性的技术。这些研讨会由教师和外部的商业领导者主持。在"追寻"阶段，我们指派教师监督指导一组学生。我们还围绕相关议题定制专题小组和研讨会，如调查可行性、确定

第十二章
全面课程改革:培养创业领导者的主要举措

客户需求、组建团队、制订商业计划和保护知识产权等。最后,在"启动和成长"阶段,我们指派专门的教师与学生们一起执行商业计划,满足节点要求,获得资源(空间和设备)和资金。我们也在努力发展与当地企业孵化器的关系,这些孵化器可能会在学生毕业后迅速跟进。

生活-学习社区。一种非常有意思的课余学习模式来源于生活-学习社区。在那里,学生们可以通过与其他人共同生活在一个指定的区域来体现价值和挥洒激情,甚至他们创建这些社区的过程也是一种创业领导力的实践。学生们通过共同创造和培养同伴们对某一特定想法的兴趣来创建新的生活-学习社区。通过这样做,他们了解了激情在特定社区中吸引他人兴趣的重要性,以及社区的理念如何随着其他人的加入而改变。自我和社会意识、创造逻辑和预测逻辑都是创建新的生活-学习社区的基础。

作为这些社区的成员,学生们必须在校内外都采取行动。第五章提到的"绿塔"通过采取行动已经给我们的校园带来了系统性的变化。"绿塔"的成员必须签署并遵守可持续性生活承诺,并承诺将个人的碳足迹降至最低。成员们还必须至少参加"绿塔"两个工作组(绿色生活和绿色商业)中的一个。绿色生活小组聚焦于有关回收和保护的校园活动。绿色商业小组开发绿色产业和职业发展的研究及教育项目,在校园里建立了一个可持续创意实验室来孵化可拓展性绿色商业项目。

"绿塔"的成员深刻认识到环保倡议和讨论不应该只在宿

舍里进行。"绿塔"的一位学生负责人解释说："学生们缺乏环保意识。"作为回应，"绿塔"的成员设计了各种各样的活动，使校园内围绕环境主题而展开的广泛对话民主化。这些活动包括以环保为主题的电影之夜，以及以回收或可持续性材料为主题的零浪费时装秀。

在开展这些活动的时候，"绿塔"的成员学会了如何将其他人与他们的 SEERS 世界观联系起来，并利用创造性思维和预测性思维来实现这些改变。

创业领导力在大学管理中的应用

"说到就要做到"，学生们的学习也包括观察作为教育工作者的我们如何管理自己的学院和大学。通过反思这三个主题，管理者们将找到机会在关键的机构决策和运营实践中应用创业领导力。

例如，我们努力使 SEERS 世界观体现在大学的各个方面，特别是在学生们感知最明显的那些方面。我们正与设施经理和外部服务提供商合作，希望设计出能引起共鸣和传递 SEERS 世界观的产品。我们与食品服务公司 Sodexo 合作，在我们的餐厅里采取无托盘策略，减少用水和食物浪费。我们正努力在本地采购食品，正在对所有校园餐饮设施进行食物浪费审计，还在测试减少食物浪费和在校园里制造堆肥的方法。这种合作关系也产生了其他一些结果，学生们获得或者我们向他们报告了如下一些数据：

第十二章
全面课程改革：培养创业领导者的主要举措

- 能源消耗比基准年减少了11%。
- 同期二氧化碳排放量减少了5 700多吨，相当于一年减少了行驶在路上的961辆汽车。
- 校园回收率达到51%。
- 每年减少了200多吨垃圾。

我们在这些项目上取得成功的部分原因在于，这些校园活动与学校、社区以及整个百森商学院的文化相契合。在管理教育工作者采取行动推动全校变革之际，关键是要考虑到学校的优势、合作伙伴关系、财务和人力资源以及文化，并根据学校的实际情况确定各项举措的类型和规模。

运用认知双元思维引领管理教育变革

除了思考在管理课程体系和课余活动中重新定位教学内容，我们还要考虑如何做到这一点。作为创业领导者，管理教育工作者在引入新举措、更新和改革课程时，需要同时采用创造办法和预测方法，并能够熟练地在二者之间切换运用。通过持续地运用创造方法和预测方法进行思考及采取行动，管理教育工作者能够有效地创新和管理变革。

管理教育变革的预测方法

学术界更常见的方法是预测逻辑法。事实上，美国高等商学院协会（Association to Advance Collegiate Schools of Business）

在开展认证时就要求采用这种方法。学校的使命、资源（或投入）和结果（学生评估）之间的一致性被严密地审查。人们还期望有明确的程序来强化课程、培养教师和提升教学水平。对于任何管理项目来说，其目标都必须明确建立，资源必须可得且高质量，结果必须得到评估，改进计划必须建立和实施。这些制衡有助于确保项目的质量。

当学校目标确定、商业和管理教育环境稳定、数据可得时，管理教育变革的预测方法就会非常有效。一些预测工具——目标确立、资源识别、数据收集和分析——为我们的课程修订工作提供了信息。

目标确立。当我们考虑如何培养创业领导者时，学校成立了一个由教师和工作人员组成的工作组，以确定课程应包括的关键概念或原则：认知双元思维、SEERS 世界观、自我和社会意识。一旦这些原则经教务委员会确定并批准，我们就会为本科生和研究生项目组建"课程重新设计专责工作团队"，每个专责工作团队的目标是将这三项原则纳入新设计的课程体系中。

资源识别。在经济繁荣时期，我们学校拥有相对不受限制的资源来设计和开发新课程。然而，今天的经济环境要求我们在修订课程时在财政上持保守态度，要求我们的课程重新设计专责工作团队维持并在某些情况下削减目前课程教授的成本。了解资源有限有助于专责工作团队达成一项既可行又易于执行的解决方案。当然，资源的限制减少了一些可用的选择，我们

第十二章
全面课程改革：培养创业领导者的主要举措

不可能通过简单地添加内容和使用更多的资源来将这三项原则引入核心课程中。有趣的是，资源的限制实际上迫使专责工作团队的成员重新思考当前的课程体系，创造性地重新设计课程，并考虑课堂内外的学习体验。

数据收集和分析。在修订课程时，我们希望从各利益相关者那里收集信息。幸运的是，我们的机构研究中心定期对所有本科生和研究生项目的申请者、入学学生、即将毕业的学生、校友和招聘人员进行调查。我们使用了过去的数据，在某些情况下还修改了调查问卷，以收集关于当前和拟议课程看法的新信息。我们还通过与各利益相关者开展焦点小组讨论来补充调查数据。通过数据收集和分析，我们能够理解当前项目的视角，并评估新想法与各利益相关者的共鸣程度。

虽然预测方法有助于我们的课程修订工作，但同样重要的是采用创造方法来共同创建创新性的教材和课程。

管理教育变革的创造方法

当管理教育处在一个变化莫测和未知的世界中时，运用以创造为导向的方法来实施课程改革不但是必要的而且是有价值的。教师运用创造方法可以引入新的课程理念，帮助他们建立关系、获取反馈，并在开课之前进一步完善课程理念。以下三个例子强调了我们如何运用以创造为导向的方法来引入新的教育活动。

全球伙伴关系。确保持续性的实验和学习的一种系统性的方法是直接与全球合作伙伴合作，这些合作伙伴可以与当地人一起进行试点和共同创造。这些举措不仅有助于提高合作伙伴的教学能力，而且能确保持续的组织学习。例如，全球创业教育联盟（GCEE）是一个合作组织，旨在培养创业领导者为"更美好的世界"创造机会。这个组织正在试点"严谨游戏"——第一章所讨论的一种教学法（如缝被子游戏）。全球创业教育联盟的"严谨游戏"工作室设计并创造了与管理和创业教育相关的新产品及流程。

低风险实验。在现有的学位项目中，还会开展一些低风险的实验，如新课程材料或课程内容的实验。例如，可以在一小部分学生中试用新材料或课程。当我们第一次推出MBA速成班学位课程时，我们从很少数量的学生（每个班30人到60人）开始试点。这使我们能够在低风险的情况下测试管理教育内容的有效性和程序的合理性。

MBA速成班是我们的第一个项目，采用一种混合式学习方法，包括在线课程和面授课程。这允许我们检验视频演示、在线讨论、社交媒体和其他工具的有效性。这个项目还允许我们试用新的课程材料。例如，第八章中强调的管理评估与发展课程就是在MBA速成班项目中开发、检验和改进的，现在正被引入传统的两年制MBA项目中。我们还通过这种实验方法，将MBA速成班项目的地理范围扩展到旧金山。我们没有投入大量的市场调研，而是直接启动一个试点项目来确定需求。这个试点项目显示出强劲的需求，我们根据学生们的反馈

第十二章
全面课程改革：培养创业领导者的主要举措

迅速扩大了项目规模，而且实际成本大大低于市场调研。

生态系统实验。尝试新课程内容的另一种方法是在非学位课程和研究项目中开发、设定和检验新概念。一个例子是 Daniel Isenberg 领导的百森创业生态系统项目（Babson Entrepreneurship Ecosystem Project）。这是一个以行动为中心的研究项目，旨在通过整合那些能够促进创业领导力和创业的政策、结构、项目和氛围来发展特定领域的创业能力。正如 Isenberg 2010 年在《哈佛商业评论》的一篇文章中所描述的那样，该项目为那些希望培养创业精神的领导者提供了"变革者的规则"——一种脚踏实地的指导方针。当我们与世界不同城市、地区和国家合作时，我们尝试新的概念，评估这些概念的参与度和有效性，并进一步了解全球环境。这种实时学习有助于我们为学位项目开发新的课程内容。

结 论

我们已经展示了一个全面的范例，用于修正甚至重塑管理教育及其发展，以培养能够塑造社会和经济机会的创业领导者。我们在课堂、课程和项目层面都提供了示例，并讨论了管理教育变革的通用方法。我们希望这些想法能够激励其他教育工作者、政策制定者和专业人士探索如何为培养创业领导者创造新的教育机会。我们作为管理教育工作者，如果不努力践行合作共赢、不思考新的教学法，就无法应对培养下一代创业领

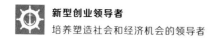

导者(有能力创造社会和经济机会)的挑战。

参考文献

Ahren, C. S. 2009. "Detangling the Unique Effects of Co-Curricular Engagement on Self-Reported Student Learning Outcomes." Doctoral dissertation, Indiana University. Department of Educational Leadership and Policy Studies.

Isenberg, D. J. 2010. "How to Start an Entrepreneurial Revolution." *Harvard Business Review*, June.

Khurana, R. 2007. *From Higher Aims to Hired Hands: The Social Transformation of American Business Schools and the Unfulfilled Promise of Management as a Profession*. Princeton, NJ: Princeton University Press.

Moffatt, M. 1988. *Coming of Age in New Jersey: College and American Culture*. New Brunswick, NJ: Rutgers University Press.

致　谢
Acknowledgement

撰写本书的想法始于 2008 年，当时百森商学院的高层领导向百森商学院全体教职员工发出倡议，要求大家思考推动新时期管理教育的意义。由此，我们首先要感谢百森商学院校长 Leonard Schlesinger 和百森商学院教务长 Shahid Ansari 发起了这一倡议，感谢领导们相信我们有能力让教师们参与这些讨论，并鼓励我们撰写这本书。我们还要感谢百森商学院各学院的院长和其他管理人员，是他们的支持使我们得以持续以本书所倡导的理念开展工作。

本书是对百森商学院推动新时期管理教育努力的正式阐述，当然这只是一个开始。为了向更广泛的学术界传播这些新思想，我们邀请了那些对管理教育的潜力充满激情的人士加入讨论。

如果没有专责工作团队同事的智慧和尽心投入，书里的这些观点是不可能被提出来的，他们合力工作了六个月来解决这

> **新型创业领导者**
> 培养塑造社会和经济机会的领导者

个难题：如果我们要教育一代有激情、有理解力、有知识、有分析能力、能在任何地方创造巨大经济和社会价值的学生，我们需要将哪些元素融入百森商学院的教学中？专责工作团队成员包括创业学副教授 Julio DeCastro、历史与社会学副教授 Stephen Deets、高级研究学者 Mary Gentile、财务学副教授 Laurie Krigman、数学副教授 Dessi Pachamanova、市场营销学副教授 Anne Roggeveen、艺术与人文学教授 Janice Yellin、学术资源总监 Diane Chase，以及国际校友项目经理 Eliana Crosina。我们也要感谢 Saras Sarasvathy 对"实现"（effectuation）这一项目的研究（见http：//www.effectuation.org），并感谢她花时间和专责工作团队的成员讨论创业思维。

为了帮助学生们做好在未来为大企业或初创企业、非营利组织、非政府组织等多种类型的组织工作的准备，专责工作团队分析了全球环境变化、人口迁移和技术变革，不仅进行了广泛的文献回顾，也实地采访了百森商学院内外的顶尖管理教育工作者，调研了来自管理专业的学生、雇主、招聘人员和校友的数据。毋庸置疑的是，专责工作团队就学生们的需求和如何满足其需求展开了热烈的讨论。六个月后，经过大家体力、智慧、情感的大量投入和共同努力，专责工作团队撰写并提交了一份白皮书，奠定了本书前言的基础。我们的教师委员会接受了白皮书，并要求课程设计委员会考虑如何推进其中所提出的想法。专责工作团队的每位成员都在持续工作，将这些想法纳入我们的本科生项目（Danna）、研究生项目（Kate）和高管

致　谢

教育项目（Jim）之中，以推动这些想法得到落实。

与此同时，我们还要表彰百森商学院的同事和学生们。为本书贡献相关章节的同事们都是敬业的教育工作者，他们在培养创业领导者的过程中，运用创新的教学法，将这些理念付诸实践。当我们为本书召集撰稿人团队时，我们要求撰稿人要有一定程度的参与度和灵活性，而其他项目通常不会对撰稿人提此要求。作为真正的创业领导者，他们在撰写本书的过程中，灵活而有意识地践行行动和分析，造就了这么一部极具洞察力的著作。

虽然贡献方式不那么明显，但其他同事和学生也为本书做出了贡献。百森商学院创新性教学法的历史传统催生了一种独特的校园文化，这种文化是开放的、拥抱变化的，因此学校是推介和追求新思想、新做法的安全场所。此外，通过持续有时甚至可能很激烈的交流与对话，我们的同事参与到推动这些想法落实的工作之中，这进一步强化了我们提出的教学法。我们知道，为了改进未来的管理教育，我们的同事将持续向百森商学院全体教职员工发出倡议，最重要的是，这将激励我们不断地重新思考管理教育这项事业。

当把这部书稿交给 Berrett-Koehler 出版社时，我们立刻被编辑团队对我们这部重新思考管理教育和培养创业领导者的著作的重视和大精力投入打动了。编辑 Neal Maillet 和 Jeevan Sivasubramaniam 建议我们重新编排本书的结构。结构经调整后，我们的想法的确更清晰、更吸引人了。在当今的出版界，整个 Berrett-Koehler 编辑团队的亲自参与非同寻常,我们非常感谢有这个机会与一个具有创业精神的编辑团队合作。

自始至终,我们都深深地感谢我们每天从伴侣(Michael, Mark, and Susan)和孩子(Micaela, Jonah, Seth, Maya, Marcos, Benjamin, and Brooke)那里得到的支持、鼓励和爱。对于孩子们,真心希望你们每个人都能成为你们所选择的生活中的创业领导者。

作者简介
About the Authors

Danna Greenberg

Danna Greenberg 是百森商学院管理学副教授,也是曼德尔家族特聘教授(Mandell Family Term Chair)。她的专业领域是组织行为学,为本科生、研究生和高管培训项目开设核心课和选修课。

Greenberg 的研究主要集中在组织、家庭和社区之间的交叉领域。目前,她参与了两项与工作场所怀孕和灵活工作安排谈判有关的大型研究。她还积极开展有关教学和学习的学术研究。曾在《管理学季刊》(*Administrative Science Quarterly*)、《管理学习与教育学刊》(*Academy of Management Learning and Education*)、《组织行为学》(*Journal of Organizational Behavior*)、《管理教育》(*Journal of Management Education*)和《应用行为科学》(*Journal of Applied Behavioral Science*)等期刊上发表文章(或撰写著作章节)30 余篇。

Greenberg 担任《管理学习与教育学刊》和《组织行为学》

等刊物的编委，是《人力资源管理》（Human Resources Manage-meng）杂志的特邀审稿人。在社区中，她担任许多关注教育、儿童社交、情感发展的非营利组织的顾问和董事会成员。

Kate McKone-Sweet

Kate McKone-Sweet 是百森商学院运营管理学副教授以及技术、运营和信息管理部主任。她为本科生、研究生教授运营管理和供应链管理课程。

Kate McKone-Swee 目前的研究重点是供应链管理。她的研究成果见于众多学术期刊和著作，包括《运营管理》（Journal of Operations Management）、《生产运作管理》（Production Operations Management）、《供应链管理》（Journal of Supply Chain Management）和《供应链管理评论》（Supply Chain Management Review）等。她还发表了许多运营管理案例和管理教育论文。她对考虑社会、环境和经济价值创造的教学材料以及让学生们参与学习过程的实际模拟和练习有着浓厚的兴趣。

Kate McKone-Sweet 拥有康奈尔大学的学士和工程硕士学位，以及弗吉尼亚大学达顿商学院的 MBA 和博士学位。

H. James Wilson

H. James Wilson 是百森商学院高管教育的高级研究员和资深作家。他的研究成果定期发表在《哈佛商业评论》的网站上，他重点关注知识型员工的绩效、战略和管理创新。在过去的一年里，他领导了一些研究项目，主题包括商业模式创新、社交媒体战略、不确定时期的领导力以及全球企业如何聚焦于合作战略。在加入百森商学院之前，他曾在贝恩公司（Bain and Company)和埃森哲的高绩效企业研究所（Institute for High Performance Business）担任思想领导力及研究项目的负责人。

H. James Wilson 曾为《华尔街》（*Wall Street Journal*）、《麻省理工斯隆管理评论》（*MIT Sloan Management Review*）、《哈佛商业评论》和其他许多商业出版物撰写文章。他是《什么是大创意？创造和利用最佳新管理思想》（*What's the Big Idea? Creating and Capitalizing on the Best New Management Thinking*；Harvard Business Press，2003）一书的合著者，该书被《财富》杂志评为当季最佳商业书籍之一。他还编辑并撰写了十多本有关领导力和管理的书籍。

百森商学院其他撰稿人

Janice Bell

Jan Bell 是会计学教授，并担任韦纳家族会计特聘教授（Weiner Family Term Chair for Accounting）。她的专长是战略管理会计和财务报表。她是模块化系列《管理会计：战略焦点》（*Management Accounting: A Strategic Focus*）一书的作者之一，该书获得美国会计学会（American Accounting Association）和管理会计师协会（Institute of Management Accountants）颁发的管理会计教育创新奖。她 2010 年 7 月在百森商学院主持了"全球会计和组织变革大会"。会议的主题是"会计在促进社会变革中的作用"，来自 16 个国家的学者在会议上发布了研究成果。

Richard Bliss

Richard Bliss 是百森商学院金融学副教授。他为本科生、研究生和高管们授课，专攻企业财务战略和创业融资。在加入百森商学院之前，Bliss 博士在印第安纳大学任教；他还在中欧和东欧的多所大学，包括波兰的华沙大学和斯洛文尼亚的卢布尔雅那大学任教。他为多个组织开发和提供定制的培训方案，这些组织包括朗讯技术公司、设在斯洛伐克布拉迪斯拉发（Bratislava）的斯洛伐克美国企业基金、华沙期货交易所的基金会以及位于中国北京的光华管理研修中心（Bright China Management Institute）。

Tom Davenport

Tom Davenport 是百森商学院信息技术与管理系主任。他曾在哈佛商学院、芝加哥大学、达特茅斯大学塔克商学院和得克萨斯大学奥斯汀分校任教。他曾在埃森哲、安永、麦肯锡和 CSC Index 等公司主管研究中心。

Davenport 教授已经撰写、合著或主编了 13 本书，包括第一批关于业务流程再造、知识管理、企业系统的业务应用和竞争分析的书。他为《哈佛商业评论》《麻省理工斯隆管理评论》《加州管理评论》《金融时报》《信息周刊》《CIO》等刊物撰写了数百篇文章。他最近出版的一本书是《工作中的分析法：更明智的决策，更好的结果》(*Analytics at Work*: *Smarter Decisions*, *Better Results*; Harvard Business Press, 2010)。2003年，他被《咨询》杂志评为世界排名前 25 位的顾问之一；2005 年，他被评为世界上最有影响力的商业和技术分析师的第三位（紧随彼得·德鲁克和汤姆·弗里德曼之后）；2007年，他是 Ziff-Davis 的信息技术行业 100 位最具影响力人物排行榜中排名榜首的商务学者。

Stephen Deets

Stephen Deets 是百森商学院政治学副教授，教授国际和比较政治学、种族冲突、苏联解体前后的政治学、加纳的社会和创业等课程。他发表了十多篇关于民主化的文章，包括选举改革、少数族裔权利、医疗保健和环境政治。目前，他正在撰写一本关于欧洲少数族裔治理新模式的书，并正在启动黎巴嫩社会福利改革项目。

在成为副教授之前，Stephen Deets 在美国国家科学院（National Academy of Sciences）工作了 10 年，在那里他组织了与东欧学术机构的多个合作项目，研究主题多种多样，包括环境问题、能源效率、高等教育改革和大学研究成果的商业化等。

Lisa DiCarlo

Lisa DiCarlo 是百森商学院创业中心人类学助理教授。她的研究领域包括跨国移民、消费与可持续发展、创业与创意经济、民族志研究与社会创业的交叉领域。她获得了两项富布赖特研究奖学金，并著有《移民到美国：土耳其移民的跨国社交网络和地区认同》（*Migrating to America*: *Transnational Social Networks and Regional Identity among Turkish Migrants*; I. B. Tauris, 2008）。她目前正在进行的项目包括评估土耳其环境倡议的社会影响，以及调查国家对 Attila Durak 的著作《埃布鲁：

土耳其文化多样性的反思》(*Ebru：Reflections of Cultural Diversity in Turkey*) 的支持和公众的反应。

Sebastian K. Fixson

Sebastian K. Fixson 是百森商学院技术、运营和信息管理系的助理教授。他的研究、教学和咨询的重点是创新管理。在最近的工作中，他研究了产品和工艺特征对产品开发绩效的影响。他的研究成果发表在《运营管理》《研究政策》(*Research Policy*)、《IEEE 工程管理学报》(*IEEE Transactions on Engineering Management*)、《并行工程》(*Concurrent Engineering*) 和《技术预测与社会变革》(*Technological Forecasting and Social Change*) 等期刊上。Fixson 曾与波音、福特、通用、哈雷－戴维森、美国铝业、雷神等多家公司合作。Fixson 为百森商学院的本科生和研究生授课，还在麻省理工学院斯隆管理学院、密歇根大学工程学院、美国东北大学技术创业学院等商学院和工程学院任教。

Mary C. Gentile

Mary C. Gentile 博士是百森商学院高级研究员、阿斯彭研究所商业与社会项目高级顾问，还是马萨诸塞州阿灵顿的一名独立咨询师。此前，她是哈佛商学院的教员和案例研究主管。

目前，Gentile 博士是阿斯彭研究所和耶鲁大学管理学院联合推出的商业课程"为价值观赋声"的主管，该课程得到百森商学院的持续支持。"为价值观赋声"是培育价值驱动型领导力的开创性方法，多种著名刊物都对其进行了报道，包括英国《金融时报》《哈佛商业评论》《战略+商业》(*strategy+business*)、

《商业周刊在线》(*Businessweek Online*)、《变革》(*Change*)、《商业伦理》(*Business Ethics*)和 *BizEd* 等杂志。目前"为价值观赋声"法正在全球一百多家商学院和组织中进行试点。她是《为价值观赋声：当你知道什么是对的时候如何说出你的想法》(Yale University Press，2010)一书的作者。作为一名独立咨询师(http://www.MaryGentile.com)，Gentile 博士与企业、非营利组织和学术机构共同开展领导力开发、社会影响管理、伦理、商业教育和多样性等咨询工作。

Patricia J. Guinan

Patricia J. Guinan 是百森商学院信息技术管理部的副教授，也在管理部任教。她教授信息技术、跨职能团队合作、组织设计、组织变革和管理策略等多学科课程。

她的著作《信息系统专业人士的卓越模式：沟通行为分析》(*Paterns of Excellence for Is Professionals*：*An Analysis of Communication Behavior*) 曾在国际上获奖(International Center for Information，1988)。在加入百森商学院之前，Guinan 博士曾在波士顿大学任教，并因教学出色而获得两个奖项。在她的高管教育生涯中，她曾与众多《财富》500 强企业就技术和创新主题进行过合作。

Karen Hebert-Maccaro

Karen Hebert-Maccaro 是百森商学院管理学客座助理教授。她还是隶属于百森商学院的奥林商学院的前任副院长。在任期间，她担任研究生院的首席运营官，全面负责招生、项目管理和职业发展。自 1997 年加入百森商学院以来，她一直身兼数职,包括战略项目总监和 MBA 项目院长助理兼行政总监。在进入高校工作之前,她曾在金融服务行业工作过。

James Hunt

James Hunt 是百森商学院管理学副教授。他为本科生、研究生和管理者培训项目教授管理学、人才管理、人才发展和领导力。他是两个项目的联合创始人:一个是百森商学院领导力与团队合作培训项目,另一个是百森商学院高管教育组织内部教练认证项目。

Hunt 教授与同为百森商学院教授的 Joseph Weintraub 合著了两本关于教练的书,其中最畅销的是《给经理当教练:培养商界顶尖人才》(*The Coaching Manager*:*Developing Top Talent in Business*;Sage,2010)和《教练组织:培养领导者的策略》(*The Coaching Organization*:*A Strategy for Developing Leaders*;Sage,2006)。他还独立撰写(或与人合写)了许多关于发掘性教练和领导力开发的文章。他曾为美国各地的许多公司和医疗机构提供咨询。

Julian Lange

Julian Lange 是百森商学院的 Craig R. Benson 州长创业和公共政策教授。他还是管理咨询公司 Chatham Associates 的创始人兼总裁,该公司致力于帮助企业建立竞争优势。他是 Software Arts 公司的总裁兼 CEO,创建了第一份电子表格(VisiCalc),也是马萨诸塞州软件委员会(Massachusetts Software Council)的创始理事之一。他曾在许多高管培训项目中授课,并在哈佛商学院担任财务学助理教授。

Lange 博士曾为初创企业、中型企业和《财富》500 强企业担任管理顾问，并为计算机软件、硬件以及金融服务与医疗保健行业的企业开发和实施培训项目。他的研究涉及高成长创业企业的融资，以及互联网给创业企业带来的挑战和机遇。

Nan S. Langowitz

Nan S. Langowitz 是百森商学院管理与创业学教授、百森女性领导力中心（Babson's Center for Women's Leadership）创始主任。该中心是美国知名管理学院里第一个致力于促进女性在商业和创业方面有所发展的综合性中心。她的研究侧重于女性的创业领导力，以及组织和管理者在开发及利用人才时面临的挑战与机遇。

在课堂上，Langowitz 教授通过百森商学院 MBA 项目和高管培训项目教授职业发展及领导力。2009 年，她获得了研究生项目的院长教学奖。Langowitz 教授在高管培训项目设计和实施方面有超过 20 年的经验，曾担任顾问、研究员和教育工作者，服务于从复杂的跨国公司到新兴创业企业等各种组织。她还曾在公司和非营利组织的董事会任职。

Toni Lester

Toni Lester 是法学、文化和社会学教授，百森商学院 Kelly Lynch 特聘教授。她是百森商学院环境可持续性教学和课程发展计划的主席，该计划旨在促进教师在可持续性议题上的教学提升和研究发展。这包括向教师们介绍一些企业和非营利组织旨在提高环境意识的项目，以及开发减轻全球变暖和气候变化负面影响的最佳商业实践的方法。该计划还开展了一个讨论系列，由教师组成的跨学科团队向同行介绍前沿的环境议题。

Lester 教授还与其理科专业的同事 Vikki Rodgers 共同设计并教授了一门名为"哥斯达黎加的生态旅游、生物多样性和保护政策"（Eco-tourism, Biodiversity, and Conservation Policy in Costa Rica）的课程。她还设计了百森商学院第一门有关动物权利的高阶选修课，名为"动物在法律、技术和社会中的作用"（The Role of Animals in Law, Technology, and Society）。她还曾担任一个指导委员会的委员，该委员会帮助制定了一个新颖的、令人振奋的跨学科环境可持续性认证项目，该项目由百森商学院、卫斯理学院和奥林工程学院联合推出，于 2011 年秋季启动。

Heidi Neck

Heidi Neck 是百森商学院创业研究的 Jeffry A. Timmons 教授。作为百森创业教育工作者论坛的教师负责人，她充满激情地致力于提升创业教育的教学法，因为新创企业是社会发展的引擎。除了创业教育，Neck 教授的研究兴趣还包括社会创业、企业创业和创造力。

因在创新性教学和课程开发上的贡献，Neck 教授获得了诸多奖项，包括百森商学院院长卓越教学奖、学术界 Gloria Appel Prize 创业活力奖、美国小企业和创业协会（USASBE）颁发的杰出创业课程奖、USASBE 戏剧性即兴创作最佳实践教学法奖，以及 USASBE 社会创业发展和创业教学法最佳论坛奖。

Salvatore Parise

Salvatore Parise 是百森商学院技术、运营和信息管理系副教授。他的研究主要集中于利用社交网络分析来理解创新、人才管理、技术媒介网络和员工绩效,其他研究则侧重于企业如何在员工内部以及客户和业务合作伙伴之间使用社交媒体应用程序。

Parise 教授曾直接与管理咨询、技术、消费品、医疗保健、金融服务、石油等多个行业的经理和高管以及政府部门的工作人员共事。他为本科生和研究生教授信息系统、知识管理和社交网络分析等多学科课程,还开设了有关社交媒体应用和社交网络等主题的高管培训课程。

Jay Rao

Jay Rao 是百森商学院运营管理教授。他的研究和咨询主要集中在创新、企业内部创新项目的实施和客户体验创新等领域。他为研究生和高管培训项目授课。在进入百森商学院之前,Rao 博士在肯塔基大学和加利福尼亚大学洛杉矶分校任教。

他的研究成果发表在《麻省理工斯隆管理评论》《经营者学会期刊》(*Academy of Management Executive*)、《创新管理》(*Journal of Innovative Management*)、《生产与运营管理期刊》(*Production and Operations Management Journal*)、《医疗质量管理》(*Quality Management in Health Care*)以及《康奈尔酒店与餐厅管理季刊》(*The Cornell Hotel and Restaurant Administration Quarterly*)等学术期刊上。他撰写了十多个企业案例,主题从

创新、客户服务和运营策略到战略联盟、供应链管理和质量管理。在运营管理、创新和新产品开发等领域，无论是针对复杂的全球组织还是新兴创业企业，他都拥有丰富的企业咨询和高管培训经验。

Vikki L. Rodgers

Vikki L. Rodgers 是百森商学院数学与科学系环境科学助理教授。她 1999 年在新罕布什尔大学获得生物学、生态学和进化论学士学位，2007 年在波士顿大学获得森林生态学博士学位，研究入侵植物对新英格兰森林土壤养分循环和本地植物多样性的影响。她的主要研究领域包括生态学、植物学、气候变化和生物地球化学。她在《生态学》（Journal of Ecology）、《生物科学》（Bioscience）、《生物地球化学》（Biogeochemistry）、《生态学杂志》（Oecologia）和《加拿大森林研究》（Canadian Journal of Forest Research）等刊物上发表过论文。

Keith Rollag

Keith Rollag 是百森商学院管理学副教授和管理系主任。他的教学重点是组织行为学、团队建设和领导力，他的研究主要集中于新员工的社会化和培训、组织文化、社交网络和领导力开发。

Rollag 在《麻省理工斯隆管理评论》《组织行为学》《职业和组织心理》（Journal of Occupational and Organizational Psychology）、《管理教育》等刊物上发表了论文。他的研究成果也发表在《哈佛管理更新》（Harvard Management Update）、《斯坦福社会创新评论》（Stanford Social Innovation Review）、《连线新

闻》(*Wired News*) 和《波士顿商业杂志》(*Boston Business Journal*) 上。

2005年，Rollag获得了专注于管理教育的全美性组织——组织行为教学学会——颁发的新教育家奖。他目前是该组织的董事会成员。Rollag在斯坦福大学获得工业工程博士学位之前，是宝洁公司的产品开发经理。

Virginia Earll Soybel

Virginia Earll Soybel在百森商学院的奥林商学院教授财务会计和财务报表分析。她在那里参与了多个课程设计项目，主要关注功能学科的整合，让学生们学习如何最有效地整合各种概念和工具以解决复杂的商业问题。

Soybel在威廉姆斯学院获得美国历史学士学位，在哥伦比亚大学获得MBA和博士学位。在加入百森商学院之前，她曾在达特茅斯大学塔克商学院任教。Soybel的研究集中于不同的报告方法对公司财务报表和比率的影响、财务比率的时间序列行为，以及会计准则制定的政治进程。

Robert Turner

Robert Turner是百森商学院会计学副教授、MBA项目副主任。他曾任教于波士顿学院、波士顿大学和勒莫尼学院。他的教学兴趣是企业和非营利组织的财务报表。他给本科生和研究生以及中层管理核心讲授财务会计。Turner发表的论文主要集中于两个方面：一是财务报表，其中大多数文章涉及非营利组织；二是会计教学。